KB212849

앉은
자리에서
부처되기

금강반야바라밀경 해설

앉은 자리에서 부처되기

지은이. 추범
초판 1쇄 발행. 2020년 2월 7일
편집/디자인. Pixel Space
인쇄. 소다프린트

소쿠리 출판사
출판 등록. 2019년 11월 28일 (제 568-2019-000012호)
e-mail. bum4299@naver.com

값 12,000원
ISBN 979-11-968985-0-2

차례

일러두기

금강경은 불교 경전을 대표하는 경으로 그 뜻이 너무 깊고 어려워서 읽는 사람들이 이해하기 무척 힘들어 합니다. 더욱이 인도 언어가 중국 한자로 번역되어 한글에 익숙한 우리들은 본래 경의 뜻조차 파악하기 어렵지요.

이 책에서는 구마라집 법사가 중국 한자로 번역한 금강반야바라밀경을 바탕으로 하여 이해하기 쉽게 연극 극본 형식을 빌려서 한글로 재구성하여 해설하였습니다. 책의 특징은 장면, 대화, 번역본, 해설 순으로 전개되어 있으므로 아래와 같이 일러드립니다.

첫째, 금강경은 구마라집 법사가 번역한 후 내용이 32분으로 나누어져 지금까지 수지 독송되어 왔지만 여기서는 극본 32장면으로 대응하여 구분하였습니다. 그래서 극본 전체가 3막 32장으로 구성되어 있습니다.

둘째, 32분 각 분마다 장면을 설정하여 부처님이 말씀하시려는 요점을 간략하게 제시한 다음 부처님과 수보리 존자의 대화 내용을 한글로 풀어서 썼습니다. 그 다음으로 구마라집 법사의 번역본을 실어서 한자 원본과 한글 내용을 비교할 수 있게 했습니다.

셋째, 한자 원본은 부처님이 말씀한 부분과 수보리 존자가 말한 부분이 한자어로 뒤섞여 있어서 보고 이해하기에 어려움이 있습니다. 그래서 부처님과 수보리 존자 두 분의 대사를 한글 극본 대화 형식으로 명확하게 구분하여 대화 내용이 실감나도록 표현했습니다.

넷째, 한자로 된 내용을 그대로 한글로 표현하다 보니 어순이 앞뒤가 뒤바뀌고 반복되는 부분이 많아서 경의 뜻을 이해하기 어렵습니다. 그래서 괄호 안에 지문 내용을 최대한 이용하여 대화자의 표정이나 동작 그리고 말하려는 의도를 자세하게 설명하여 대화의 줄거리가 막히지 않게 생동감을 살렸습니다.

다섯째, 번역된 한자어의 특색은 간결하고 생략이 많아서 한글로 풀어서 뜻을 표현하기에는 부족함이 많습니다. 그래서 필자는 한자 번역본을 다시 해설을 통해서 경의 뜻을 보충하고 예시를 들어 설명했습니다.

　　부처의 눈으로 보면 세상 모든 것이 전부 부처입니다. 우주의 해와 달과 별 그리고 산하대지가 모두 부처입니다. 심지어는 들판에 널려 있는 이름 모르는 풀 한 포기, 발길에 채이는 돌부리마저도 부처입니다. 그래서 여러분이 앉은 자리가 바로 부처입니다.

2019년 5월 12일
부처님 오신날
추 범 씀

　　　　　　　　　　　　　　　　　　　　　앉은 자리에서 부처되기

金剛般若波羅密經
금강반야바라밀경
(구마라집 번역본)

때: 금강경 법회가 열린 날

장소: 인도 코살라국 사위성 기원정사

등장인물: 불(석가모니). 수보리. 보살. 법회 청중.

1막

막이 오르면서 부처님께서 천이백오십 명 제자들과 함께 탁발 수행을 위해서 기원정사에서 출발하여 사위성으로 들어가시는 모습이 질서 정연하기 이를 데가 없으며 엄숙하고 절제된 장관을 이룹니다.

장면 1: 사람들이 부처님의 특별한 말씀을 듣기 위해서 법회에 참석하여 모두 진지하게 기대에 찬 모습이었습니다. 하지만 부처님은 날마다 하셨던 그대로 생각을 멈추고 자리에 앉으셔서 일상이 수행이며 법회와 따로 있는 것이 아니고 하나인 것을 몸소 대중에게 보이십니다.

이와 같이 들었습니다. 부처께서 사위국 기수급고독원에서 천이백오십 명 큰 비구들과 함께 하시던 때였습니다. 그때 세존께서 식사시간이 되어 옷을 입고 밥그릇을 챙기시고 성안으로 들어가셔서 차례차례로 걸식하시고 본래 거처로 오셔서 음식을 드신 후 옷과 밥그릇을 거두시고 발을 씻고 자리를 펴신 후 앉으셨습니다.

法會因由分 第一
법회인유분 제일
如是我聞 一時 佛在 舍衛國 祇樹給孤獨園 與大比丘衆
여시아문 일시 불재 사위국 기수급고독원 여대비구중
千二百五十人俱
천이백오십인구
爾時 世尊 食時 着衣持鉢 入舍衛大成 乞食 於其城中
이시 세존 식시 착의지발 입사위대성 걸식 어기성중

앉은 자리에서 부처되기

次第乞已 還至本處 飯食訖 收衣鉢 洗足已 敷座而坐
차제걸이 환지본처 반사흘 수의발 세족이 부좌이좌

해설: 일상이 곧 법회의 시작입니다.

부처님은 매일 하시는 일상이 곧 계율을 실천하는 계행이고 생각을 멈추고 지혜를 닦는 수행인 것을 법회가 시작되기 전에 이미 보여주셨습니다. 몸에는 업이 없었으며 입에는 말이 없었고 마음에는 일이 없었습니다. 사람들이 분별하고 집착하는 생각만 멈추면 일하고 다니며 먹고 쉬는 일상이 바로 진실된 모습인 실상임을 알려 주셨습니다. 실상은 만물의 본성으로 허공처럼 모양이 없고 말과 글로 표현할 수 없습니다. 그래서 실상은 분별하고 집착하는 생각들을 모두 멈추어야만 볼 수 있지요.

부처님은 걸식을 통해서 자신을 낮추고 음식을 내주는 사람들의 마음에 복덕을 심어 주셨습니다. 자신에게 알맞은 그릇으로 음식의 적당량을 맞추었고 신분과 재산에 관계없이 차례차례로 다니시며 집착심과 분별심을 항복받으셨습니다. 음식의 적당량은 건강한 생명을 유지하는 최소한의 분량으로 음식에 대한 집착은 수행에 방해가 되므로 남기는 것을 허용하지 않았습니다. 음식과 재물은 적당량을 알아야 합니다. 남이 주지 않으려는 것만 내 것이 아니라 적당량을 차고 넘치는 음식과 재물도 내 것이 아닙니다. 왜냐하면 음식과 재물이 차고 넘치면 지키기 어렵고 언젠가는 없어지기 마련이기 때문이지요. 특히 잘못 사용되면 많은 사람들을 고통스럽게 하고 자신마저도 원망의 대상이 되기 때문입니다. 마치 태양과 바람이 익어가는 사과에 생각이 없는 것과 같이 보답을 바라지 않고 나누어 주어야 그 복덕이 훌륭하지요. 그래서 남은 음식과 재물은 필요한 이에게 남김없이 베풀어야 합니다.

일상은 특별한 것이 아니기에 좋아서 흥분하거나 싫어서 우울해

할 필요가 없습니다. 왜냐하면 일상이 특별하다고 해도 잠시 머물렀다가 사라져 일상으로 돌아오기 때문입니다. 고통과 즐거움은 본래 하나인데 고통은 싫어하고 즐거움은 좋아하여 분별하고 집착하는 마음으로 둘이 되었습니다. 하지만 고통은 없어지지 않고 즐거움은 얻기 힘들어서 괴로움만 남게 되지요. 그래서 중생들도 일하고 먹고 쉬고 잠자는 일상에서 끊임없이 일어나는 분별하는 생각만 멈춘다면 바로 부처가 됩니다. 왜냐하면 고통과 즐거움이 하나가 되어 좋아하고 싫어하는 괴로움에서 벗어날 수 있기 때문이지요. 뿐만 아니라 언제나 불생불멸을 보시는 부처님처럼 하루를 살아도 부족한 것이 없는 삶의 질을 높일 수 있습니다.

일상과 깨달음은 따로 있는 것이 아니라 가장 평범한 일상이 바로 깨달음입니다. 왜냐하면 사람들은 병으로 몸이 아프거나 근심으로 잠을 못 이루어 보아야 일하고 먹고 잠자는 일상이 신통하게 여겨지기 때문입니다. 신통은 물위를 걷고 하늘을 날아다니는 특별한 것이 아닙니다. 부처님처럼 일상의 생로병사를 보고 불생불멸의 진리를 터득한 것이 신통이지요. 결국 법회가 일상과 따로 있는 것이 아니라 어디서든지 분별심이 쉬는 곳이 법회가 되고 삶과 죽음의 속박에서 벗어나는 부처님의 정신세계가 됩니다.

부처님이 말없이 앉아 계신 모습은 잘 갖추어져서 부족함이 없었고 생각이 멈추어져서 마음이 전혀 움직이지 않았습니다. 이러한 부처님의 모습이 법회 청중의 마음에 전해집니다. 꽃비와 함께 막이 내립니다.

앉은 자리에서 부처되기

2막

막이 오르며 기원정사에서 수보리와 보살 그리고 법회 청중이 부처님의 출현과 깨달음에 존경과 믿음을 표현하는 예경을 올립니다.

장면 2: 부처님께서 마음을 멈추시는 모습을 스스로 보이실 때 잠시 침묵이 흐르면서 장로인 수보리 존자가 대중 가운데 있다가 부처님께 질문을 드리려고 일어났습니다. 지금부터 수보리 존자는 대중을 대신하여 질문하고 부처님은 방편을 펼쳐서 법회 청중을 실상 반야로 잘 인도해 주십니다.

수보리: (부처님께서 생각을 멈추고 앉아 계실 때 대중 가운데 있다가 자리에서 일어나 오른 편 어깨 한 쪽을 벗고 오른 무릎을 땅에 꿇으며 합장 공경하는 예를 올리며)
희유하십니다! 세존이시여! 여래는 모든 보살들을 잘 이끌어 주시고 보살들을 위해 할 일들을 잘 당부해 주십니다.
(부처님을 우러러 보며) 세존이시여! 아뇩다라삼먁삼보리 마음을 일으킨 선남자 선여인은 마땅히 어떻게 머물러야 하며 어떻게 그 마음을 항복받을 수 있겠습니까?

불: (청중을 위한 수보리 존자의 질문에 매우 만족 하시며) 훌륭하고 훌륭하다. 수보리여! 그대가 말한 바와 같이 여래는 모든 보살들을 잘 가르쳐서 보살들이 해야 할 일들을 잘 당부하였느니라.
(법회 청중이 진실하게 듣는 마음이 일어나게 하기 위해서 단호한 어조로) 지금 그대는 자세히 들어야 하느니라! 마땅히 그대를 위해서 말하느니라! 아뇩다라삼먁삼보리 마음을 일으킨 선남자 선여인은 마땅히 이와 같이 머물러야 하고 이와 같

이 그 마음을 항복받아야 하느니라!

수보리: (스스럼없이 합장하며) 그러하옵니다, 세존이시여! 즐거이 듣
　　　고자 원하옵나이다.

善現起請分 第二
선현기청분 제이
時 長老須菩提 在大衆中 卽從座起 偏袒右肩 右膝着地 合掌恭敬
시 장로수보리 재대중중 즉종좌기 편단우견 우슬착지 합장공경
而白佛言 希有 世尊 如來 善護念諸菩薩 善付囑諸菩薩
이백불언 희유 세존 여래 선호념제보살 선부촉제보살

世尊 善男子 善女人 發阿耨多羅三藐三菩提心
세존 선남자 선여인 발아뇩다라삼먁삼보리심
應云何住 云何降伏其心
응운하주 운하항복기심

佛言 善哉 善哉 須菩提 如汝所說 如來 善護念諸菩薩 善付囑諸菩薩
불언 선재 선재 수보리 여여소설 여래 선호념제보살 선부촉제보살
汝今諦聽 當爲汝說
여금제청 당위여설

善男子 善女人 發阿耨多羅三藐三菩提心 應如是住 如是降伏其心
선남자 선여인 발아뇩다라삼먁삼보리심 응여시주 여시항복기심
唯然 世尊 願樂欲聞
유연 세존 원요욕문

　　　　　　　　　　　　　　　　앉은 자리에서 부처되기

해설: 수보리 존자가 부처님께 법문을 청하였습니다.

부처님이 죽고 사는 몸에서 본래 죽고 사는 몸이 없는 불생불멸의 진리를 청중에게 몸소 보여 주시면서 법회로 안내하십니다. 이에 수보리 존자가 말없이 설법하시는 부처님의 모습에 감동되어 희유하시다고 찬탄합니다. 희유는 수보리 존자가 부처님의 출현이 삼천년에 한 번 피는 꽃 우담바라와 같이 쉽게 대할 수 없는 것을 비유한 말이지요.

　항복받아야 할 마음인 망심은 자신을 위해 욕심을 내고 화를 내는 어리석은 생각입니다. 망심은 수시로 일어났다가 부서지는 파도와 같고 잠시 머무는 손님과 같아서 진실한 내가 아닙니다. 중생은 수많은 망심들로 때로는 기뻐하고 슬퍼하며 괴로움에 빠지게 되므로 중생들이 겪는 고통은 이루 말할 수 없습니다. 수보리 존자가 법회 청중을 대신하여 일상에서 일어나는 고통에서 벗어날 수 있는 지혜를 부처님께 여쭙습니다. 부처님께서 몸소 보이신 것처럼 생각을 쉬고 마음을 지키려면 보살은 마음을 어떻게 머물러야 하고 망심을 항복받을 수 있는 방법을 가르쳐 주실 것을 청하였습니다.

　부처님은 기원정사에서 사위성을 거쳐 본래 거처하시는 곳으로 오시면서 이미 마땅히 머물러야 할 마음과 망심을 항복받는 방법을 스스로 보여주셨습니다. 사람의 피 맛에 눈이 뒤집힌 살인마 앙굴리마라도 부처님의 솔선수범하여 보여주시는 자비로운 언행에 굴복되어 그 자리에서 죄를 뉘우치고 부처님을 따라서 출가하게 되었습니다. 이와 같이 부처님은 악한 중생을 계율과 선행을 닦게 해서 선한 중생으로 길들이고 다시 선한 중생이 보리심을 일으킬 수 있도록 반야로 인도하십니다. 뿐만 아니라 현재의 보살들이 부처와 같은 지혜를 이루도록 가르쳐주시고 미래의 보살들에게도 부처의 지혜를 그대로 전하도록 당부하십니다.

　아뇩다라삼먁삼보리(이하 "보리"라고 쓰기로 한다)는 위가 없고 평등한 바른 지혜로 생로병사가 불생불멸임을 스스로 깨닫고 중생 역시 불생불멸임을 깨닫게 하여 부처와 중생이 본래 하나인 것을 아는 지혜입니다. 모든 부처와 부처의 보리가 전부 반야에서 출생했습니다. 반야는 허공처럼 형상이 없고 말과 글로 설명할 수 없기 때문에 생각자체가 끊어진 경지입니다. 이와 같은 반야 실상으로 분별 집착하는 생각이 사라지면 불성이 지극히 밝아져서 자연스럽게 나타나는 지혜가 보리입니다. 그래서 누구든지 부처님이 하신 것처럼 생각을 멈추고 불성을 밝히면 분별하는 생각이 사라지기 때문에 생각도 대상도 불생불멸이 되어 생긴 일조차 없어지게 됩니다. 대상과 생각이 없어지면 사람들이 구하고 얻으려는 집착과 긴장으로 생기는 스트레스와 노이로제 그리고 우울증 등 정신병이 스스로 사라지겠지요. 이미 오래전에 부처님은 끊임없이 얻으려는 욕심으로 인한 고통과 괴로움을 예방하고 치료하는 특효약인 금강경을 발견하셨습니다.

장면 3: 부처님은 수보리 존자의 질문이 합당함을 허락하시고 바로 답하십니다. 발심한 보살들은 아직 지혜가 미숙한 단계이기 때문에 항복받아야 할 망심과 중생 제도에 명심해야 할 사항들을 알려주십니다. 수보리 존자를 비롯한 법회 청중은 진실한 마음으로 부처님 말씀을 경청하기 위해서 부처님께 집중하였습니다.

불: (발심 보살이 명심해야 할 일들을 강조하시려고 진지한 표정으로) 수보리야! 모든 보살들은 마땅히 다음과 같이 그 마음을 항복시켜야 하느니라! 일체 중생의 종류가 있는 바, 알로 태어나거나 새끼로 태어나거나 습기로 태어나거나 변화해서 태어나거나 모습이 있거나 없거나 생각이 있거나 없거나 생각이 있는 것도 아니고 없는 것도 아닌 모든 중생을 남김없

열반에 들도록 하여 멸도 했느니라. 이와 같이 무량 무수 무변 중생을 멸도 하였으나 실로 멸도 받은 중생은 없느니라.

멸도 받은 중생이 없는 까닭은 수보리야! 만약 보살이 아상 인상 중생상 수자상이 있으면 곧 보살이 아니기 때문에 그러 하느니라!

大乘正宗分 第三
대승정종분 제삼
佛告 須菩提 諸菩薩摩訶薩 應如是降伏其心
불고 수보리 제보살마하살 응여시항복기심

所有一切 衆生之類 若卵生 若胎生 若濕生 若化生 若有色 若無色
소유일체 중생지류 약난생 약태생 약습생 약화생 약유색 약무색
若有想 若無想 若非有想 非無想 我皆令入 無餘涅槃 而滅度之
약유상 약무상 약비유상 비무상 아개영입 무여열반 이멸도지

如是滅度 無量無數無邊衆生 實無衆生 得滅度者
여시멸도 무량무수무변중생 실무중생 득멸도자
何以故 須菩提 若菩薩 有我相人相衆生相壽者相 卽非菩薩
하이고 수보리 약보살 유아상인상중생상수자상 즉비보살

해설: 대승이 근본이고 으뜸입니다.

사람들은 몸을 나라고 생각하거나 의식이 나라고 생각하며 심지어는 이름이 나라고 합니다. 오래 살기 위해서 건강을 찾고 인정받기 위해 서 사람을 따르며 쾌락을 위해서 재물에 욕심을 내어 구하고 바라는

집착으로 지옥과 같은 고통과 괴로움이 일상입니다. 몸을 비롯한 모든 사물은 인연 따라 어울려 생겨나서 고정된 모습이 없고 시간이 지나면 반드시 사라져서 실체적인 내용이 없는 허수아비와 같습니다. 사물을 바라보는 생각도 마찬가지로 나를 위해서 좋으면 가지려 하고 싫으면 버리는 습성으로 물들었습니다. 사람들은 태어나서 죽을 때까지 이러한 대상에 속고 생각에 속아서 구하려고 애쓰고 지키려고 고통 받으며 마지막에는 없어져서 원망합니다. 내가 지금 이런 지경인데 어렵고 힘든 이웃이 눈에 들어오지도 못하겠지요.

반면에 선남자 선여인은 어렵고 불쌍한 이웃을 보면 도와주려는 마음으로 불성 종자가 심어져서 스스로 보리의 마음을 일으키게 됩니다. 왜냐하면 남을 돕는 마음에 분별과 집착이 없으면 불성이 밝아져 그대로 깊은 마음에 저장되기 때문이지요. 사람들이 보답을 바라지 않고 정성스럽게 꽃을 가꾸거나 동물을 키우면 꽃과 동물보다 자신이 즐겁고 좋은 것처럼 타인을 도와줄 때 자신이 가장 즐겁습니다. 그래서 보살들은 몸과 생각 그리고 형상에 속는 망심들을 항복받기 위해서 오로지 보리를 이루고 중생 제도만을 소원합니다. 망심 항복은 구하고 바라는 생각을 멈추는 것입니다. 발심한 보살들이 수많은 중생을 삶과 죽음의 속박에서 벗어나게 했으나 나라는 생각을 멈추었기 때문에 한 사람도 도와준 일이 없는 것과 같습니다. 또한 모든 중생이라는 것도 망심으로 생긴 것이어서 망심만 항복 받으면 중생은 자취도 없이 사라졌습니다. 망심을 항복받고 나니 내가 만든 마음의 중생도 흔적이 없으므로 본래 중생이 없었던 것이지요. 그래서 보살에게 아상 인상 중생상 수자상과 같은 분별하고 집착하는 마음이 있으면 즉시 보살이라고 할 수 없습니다.

아상은 나와 내가 아닌 것을 구별하는 것이며 인상은 사람의 모습과 아닌 것을 분별하는 것이고 중생상은 생명이 있고 없음을 차별하는 것이며 수자상은 수명을 끝까지 이어가려는 집착입니다. 이와 같

앉은 자리에서 부처되기

은 네 가지 상은 모두 인연 따라 생겼다가 사라져서 실체가 없습니다. 그래서 아상 인상 중생상 수자상 네 가지 상은 전부 항복받아야 할 망심들입니다. 하지만 망심은 억지로 없애거나 버리는 것이 아닙니다. 망심을 없애려는 마음 또한 다른 망심입니다. 어둠을 어둠으로 물리칠 수 없듯이 망심을 망심으로 없앨 수 없습니다. 마치 밝음이 오면 어둠이 저절로 사라지는 것처럼 불성이 밝아지면 망심도 스스로 사라지는 것이 그 마음을 항복받는 것이지요.

불성은 부처가 될 수 있는 근본 성품으로 누구든지 본래 가지고 있습니다. 아무리 하찮은 사람일지라도 피곤하면 잠자고 배고프면 먹을 줄 아는 성품이 불성입니다. 다만 중생은 분별하고 집착하는 망심으로 오염되고 가려져 있어서 불성을 보지 못할 따름이지요. 하지만 어느 순간에 불성이 밝아지면 망심이 항복되고 그 결과 보리를 일으키는 발심이 되지요. 불생불멸인 불성을 믿으면 부족한 것이 없어져서 항상 만족할 수 있고 자신이 저지른 일은 자신이 받는 인과를 믿으면 미워하고 원망하는 마음이 없어집니다. 이렇게 발심은 불성과 인과를 믿는 신심의 종자가 무르익으면서 보리를 일으키려는 마음입니다. 그래서 보살 발심이 곧 대승의 으뜸이고 지름길이지요.

장면 4: 보살이 인도한 중생이 하나도 없다는 부처님 말씀을 듣고 법회 청중들이 술렁거리기 시작하였습니다. 그러면 보살은 어떤 마음으로 보시를 실천해야 중생을 인도했다는 마음을 항복받을 수 있는지 의문이 생겼습니다. 왜냐하면 사람들은 항상 복의 결과를 바라고 보시하는데 익숙해 있기 때문에 이해하기 힘들어 합니다. 그래서 부처님이 보답을 바라지 않는 보시의 복덕을 허공에 비유하시며 그 훌륭함을 보여주십니다.

불: (보살이 중생을 제도하였으나 제도한 중생이 없는 지혜를 다시 설명하시려고) 다시 이어서 수보리여! 보살은 법에 머무는 바 없이 보시를 실천해야 한다. 말하자면 형상(색)에 머물러서 집착하지 말고 소리(성), 냄새(향), 맛(미), 접촉(촉), 분별하는 생각(법) 등에 머물러서 집착하지 않는 보시를 실천해야 하느니라!
       수보리야! 보살은 반드시 이와 같이 상에 머물지 않는 보시를 해야 하느니라! 왜냐하면 만약 보살이 상에 머물지 않는 보시를 하면 그 복덕은 생각할 수 없을 정도로 많기 때문이니라.
       (동쪽하늘을 바라보시며) 수보리여! 그대의 뜻은 어떠한가? 동쪽의 허공을 생각으로 헤아릴 수 있겠느냐?

수보리: (분별 집착 없는 보시는 허공과 같아서 아무리 사용해도 없어지지 않는 복덕임을 눈치 채고 고개를 가로 저으며) 도저히 헤아릴 수 없습니다. 세존이시여!

불: (사방을 둘러보시며) 수보리여! 남 서 북쪽과 그 사이와 위 아래 모든 허공을 생각으로 헤아릴 수 있겠느냐?

수보리: (허공은 빈자리를 모르기 때문에 전부 채울 수 없음을 알고 합장하며) 헤아릴 수 없나이다. 세존이시여!

불: (보살은 마음이 어떠한 상에도 머물지 말 것을 당부하시며 단호한 표정으로) 수보리여! 보살이 상에 머묾이 없이 보시하는 복덕도 역시 그와 같아서 생각으로 헤아릴 수 없는 것이니라.
       수보리야! 보살은 다만 마땅히 가르친 바와 같이 머물러야 하느니라!

妙行無住分 第四
묘행무주분 제사
復次 須菩提 菩薩 於法 應無所住 行於布施
부차 수보리 보살 어법 응무소주 행어보시

所謂 不住色布施 不住聲香味觸法布施
소위 부주색보시 부주성향미촉법보시
須菩提 菩薩 應如是布施 不住於相
수보리 보살 응여시보시 부주어상

何以故 若菩薩 不住相布施 其福德 不可思量
하이고 약보살 부주상보시 기복덕 불가사량

須菩提 於意云何 東方虛空 可思量不 不也 世尊
수보리 어의운하 동방허공 가사량부 불야 세존
須菩提 南西北方 四維上下虛空 可思量不 不也 世尊
수보리 남서북방 사유상하허공 가사량부 불야 세존

須菩提 菩薩 無住相布施 福德 亦復如是 不可思量
수보리 보살 무주상보시 복덕 역부여시 불가사량
須菩提 菩薩 但應如所教住
수보리 보살 단응여소교주

해설: 보답을 바라지 않는 보시는 불가사량입니다.
보시는 배고픈 이와 가난한 이에게 음식과 재물을 나누고 두려움과
어리석음으로 고생하는 이에게 지혜를 나누어서 고통의 속박에서 벗

어나게 해줍니다. 하지만 이렇게 좋은 보시가 어떤 마음으로 실천하는가에 따라서 천당이 되었다가 지옥이 되기도 하지요. 만약에 보시가 보답을 바라는 마음이 있으면 내가 베푼 만큼 되돌려 받아야 하는 생각으로 괴로워지고 또 받지 못하면 상대방을 한없이 원망하게 됩니다. 반대로 보시한 결과로 보답을 바라는 마음이 없으면 베푼 만큼 돌려받지 않아도 전혀 원망심이 없으므로 보시는 마냥 즐겁기만 합니다. 하루 종일 보시해도 하루 종일 즐겁지요. 부처님도 수많은 중생에게 수많은 덕을 베풀었지만 보답을 바라는 마음이 없어서 힘들지 않습니다. 이와 같이 보시는 주는 것에 문제가 있는 것이 아니라 보답을 받으려고만 하는 마음에서 고통이 생깁니다.

사람들은 자신과 가족들의 건강과 행복을 빌고 일류대학에 입학하거나 좋은 직업을 갖기 위해 재물을 보시하고 기도합니다. 심지어는 자신이 저지른 죄를 용서받기 위해서 또는 더 많은 보답을 받기 위해서 보시합니다. 이러한 보시는 보답으로 받은 결과를 혹시 얻었다 하더라도 지키기 어렵고 끝내는 없어져서 괴로움과 고통의 나락으로 떨어집니다. 보답을 바라는 마음으로 사랑하면 하루아침에 원수가 되는 경우가 부지기수입니다. 이와 같이 중생은 보답에 집착하는 보시이기 때문에 그 복덕은 오래 머물지 못합니다. 마치 허공을 향해 쏘아 올린 화살이 힘이 다하면 반드시 떨어지는 것과 같지요. 그래서 아무리 선하고 좋은 일을 하였어도 집착하는 순간에는 구하고 바라는 마음이 일어나 선행을 무의미하게 만듭니다.

보살은 몸과 마음이 실체가 없으므로 내가 아닌 것을 밝게 비추어 보아서 몸과 생각에 속지 않습니다. 마치 태양이 뜨면 어둠은 사라지고 밝음이 나타나듯이 대상에 대한 분별과 집착이 사라졌을 때 본래 모습인 불성이 나타납니다. 이와 같이 보살이 결과를 바라지 않고 베푼다는 생각조차도 멈추고 보시를 실천하면 불성불멸인 청정한 불성을 항상 볼 수 있지요. 뿐만 아니라 그 결과로 심어진 지혜는 아무리 사용해도 없어지지 않으며 누구도 가져갈 수 없는 지혜의 열매이기 때문에 그 복덕이 헤아릴 수 없이 많게 됩니다.

분별과 집착이 없는 보시는 마치 태양이 세상을 밝게 비추고 만물에게 생명을 주지만 보답을 바라거나 이익을 구하지 않는 것과 같습니다. 하지만 불성이 조금이라도 분별 집착에 오염이 되어 있으면 아무 것도 볼 수 없습니다. 마음이 모습과 소리에 집착 없어야만 진실한 모습과 소리를 바로 알 수 있습니다. 마찬가지로 부지런히 일하면서 분별 집착하는 생각이 없으면 하는 일이 힘들고 어려워도 괴로움이 없습니다. 설령 결과가 나쁘더라도 열심히 일한 종자는 깊은 마음에 심어져서 반드시 지혜의 열매로 맺어져 언제든지 사용할 수 있으니 정말 신기한 일이지요.

장면 5: 부처님은 상에 머물지 않는 보시의 복덕은 허공과 같이 생각할 수 없을 정도로 많다고 하십니다. 하지만 사람들은 보고 듣는 형상 세계에 익숙하여 부처의 잘 갖추어진 몸의 모습도 수행 공덕의 결과로 얻은 것이라고 생각하고 있습니다. 그래서 부처님께서 오고 가는 몸의 모습으로 형상이 없는 여래를 볼 수 있는지 수보리 존자를 시험해 보십니다.

불:　　(부처의 잘 갖추어진 몸 모습을 보이시며) 수보리여! 그대의 뜻은 어떠한가? 몸의 모습으로 여래를 볼 수 있겠느냐?

수보리: (여래는 형상으로 볼 수 없다는 부처의 뜻을 이해하여 확실한 어조로) 아닙니다. 세존이시여! 몸의 모습으로는 여래를 볼 수 없나이다. 왜냐하면 여래께서 말씀하신 몸의 모습은 곧 여래의 모습이 아니기 때문입니다.

불:　　(수보리의 대답에 흡족하시며 사구게를 읊으시기를) 모든 상이 있는 것은 전부 허망한 것이므로 상에서 상이 아님을 보면 바로 여래를 볼 수 있느니라.

如理實見分 第五
여리실견분 제오
須菩提 於意云何 可以身相 見如來不
수보리 어의운하 가이신상 견여래부

不也 世尊 不可以身相 得見如來
불야 세존 불가이신상 득견여래
何以故 如來所說身相 卽非身相
하이고 여래소설신상 즉비신상

佛告 須菩提 凡所有相 皆是虛妄 若見諸相非相 卽見如來
불고 수보리 범소유상 개시허망 약견제상비상 즉견여래

해설: 몸의 모습으로는 여래를 볼 수 없습니다.
중생은 몸의 모습으로 여래를 보려고 합니다. 하지만 보고 듣는 감각과 생각으로는 형상이 없는 여래를 만날 수 없지요. 왜냐하면 중생은 보고 듣는 형상 세계에만 익숙해 있으므로 부처의 정신세계인 여래 법신은 한 번도 보거나 들어보지 못했기 때문입니다. 여래 법신은 모양도 없고 이름도 없으며 소리조차도 없는 허공과 같습니다. 하지만 몸의 모습과 같은 형상은 인연 따라 생겼다가 머물고 사라져서 고정적인 실체가 없습니다. 생각이라는 형상도 감각으로 접촉하여 있고

없음을 분별하고 좋고 나쁨을 집착하여 일어났다가 사라지는 물거품과 같고 생겼다가 없어지는 그림자와 같습니다. 이러한 생각으로 진여 불성마저 몸의 모습으로 착각하면 여래를 영원히 만날 수 없게 되겠지요. 그래서 여래는 몸 모습으로 볼 수 없습니다.

보살은 지혜의 눈으로 형상 없는 여래를 볼 수 있습니다. 왜냐하면 보살의 혜안은 몸의 모습이 있건 없건 상관없이 모든 형상에서 상이 아님을 보는 지혜이기 때문에 바로 부처의 정신세계를 볼 수 있기 때문이지요. 부처의 정신세계는 항상 있는 그대로 보는 분별하지 않는 지혜이며 형상에 집착하지도 않는 지혜입니다. 부처가 될 수 있는 성품인 불성은 따로 특별한 곳에 있거나 비밀스러운 곳에 있는 것이 아니라 누구든지 본래부터 가지고 있는 것입니다. 불성은 일을 할 때나 잠이 들었을 때나 앉아 있으나 서 있으나 항상 나와 함께 있어서 잃으려고 해도 잃을 수 없습니다. 중생들도 불성을 가지고 있지만 형상에 분별하고 집착하는 생각이 불성을 가려서 보지 못 할 뿐입니다. 반면에 보살은 형상에 분별하고 집착하는 생각이 없으므로 불성이 환하게 밝아지는 것이지요. 마치 밝음이 오면 어둠은 스스로 물러가서 모든 것을 볼 수 있듯이 불성이 밝아지면 모든 분별과 집착은 사라지고 부처의 정신세계인 여래가 나타나는 것과 같습니다.

어느 매우 추운 겨울날 깊은 산중에서 걸인 스님이 추위와 배고픔으로 지쳐 있다가 사찰을 발견하고 하룻밤을 청했습니다. 주지 스님은 걸인 행색에 마지못해 창고로 사용하는 허름한 방을 내주었습니다. 걸인 스님은 오랫동안 불을 때지 않은 방이라서 추위와 배고픔으로 도저히 잠을 이룰 수 없어서 법당에 모신 나무로 만든 불상으로 불을 지폈습니다. 새벽 예불시간에 불상이 없어진 것을 안 스님들은 난리가 났지요. 화가 머리끝까지 난 주지 스님은 몽둥이를 들고 신발도 신지 않은 채 객승이 묵고 있는 창고로 뛰어가면서 소리쳤습니다.

"네 이놈! 아무리 춥다고 무엄하게 부처님을 태우다니… 배은망

덕한 놈 같으니 라고!"

　그런데 걸인 스님은 태연하게 불상을 태우면서 아궁이 속을 막대기로 이리저리 뒤적거리면서 말했습니다.

　"아무리 뒤져 보아도 부처님 사리가 보이질 않으니…"

　이 말을 들은 주지 스님은

　"이 놈아! 나무로 만든 불상에 무슨 사리가 있느냐?"하고 말하는 순간 손님에 대한 자신의 경솔함과 부처님 상도 버려야 한다는 깨달음으로 걸인 스님에게 큰 절을 올렸다는 이야기입니다.

장면 6: 사람들이 보답을 바라는 것 없이 보시하면 허공과 같은 헤아릴 수 없는 무량복덕이 있고 세상 모든 형상이 상이 아님을 보면 즉시 여래를 친견 할 수 있다는 부처님의 설법을 듣고 이해하기 어려워서 어리둥절합니다. 수보리 존자가 법회 청중을 대신해서 다시 자세히 설명해 주시기를 부처님께 바로 여쭙습니다. 부처님은 오랜 세월이 흘러 불법이 쇠퇴하는 말세가 온다 하더라도 이 금강경을 읽고 진실로 여기는 사람이 있으니 절대로 그런 말 하지 말라고 경고하시며 훈계하십니다.

수보리: (중생이 부처님 말씀을 듣고 너무 어려워서 그 뜻을 알지 못할 것을 걱정스러워 하며 부처님께 여쭙기를) 세존이시여! 중생이 이와 같은 경의 말씀과 내용을 듣고 실다운 믿음이 흔하게 생기겠습니까?

불: (부처의 가르침에 어긋남을 훈계하시는 어조로) 그런 말 하지 마라! 여래가 열반에 든 후 오백 세 뒤에도 계를 지키고 복을 닦는 자가 이 경에 능히 믿는 마음을 내서 실답게 여기게 되

느니라.

마땅히 알아라! 이 사람들은 한 부처님 두 부처님 셋 넷 다섯 부처님에게만 선근을 심은 것이 아니라 이미 무량 천 만 부처님 계신 곳에 모든 선근이 심어졌으므로 이 경의 내용을 듣고 내지는 한 순간만이라도 청정한 믿음을 내는 자이니라. 수보리야! 여래는 이 모든 중생이 이와 같은 무량한 복덕을 얻는 것을 다 알고 다 보느니라!

(계속해서 어떠한 상도 취하지 말 것을 경고하시며) 무량복덕을 얻는 까닭은 이 중생들은 아상 인상 중생상 수자상이 다시는 없으며 법상이 없으며 비법상도 없기 때문이니라. 왜냐하면 이러한 모든 중생이 만약 마음에 상을 취하면 즉시 아상 인상 중생상 수자상에 집착하게 되기 때문이니라. 만약에 법상을 취하게 되면 바로 아상 인상 중생상 수자상에 집착하게 되기 때문이니라. 왜냐하면 만약에 비법상을 취하게 되더라도 즉시 아상 인상 중생상 수자상에 집착하는 것이 되기 때문이니라. (비구들을 보시며 깨달음을 이루면 이 경도 버려야 할 것을 단호한 어조로) 이러한 까닭으로 응당히 법을 취하지 말고 법이 아닌 것도 취하지 말 것이니라. 이런 뜻이 있는 이유로 여래가 항상 말해 왔듯이 너희 비구들은 부처의 설법을 강을 건너는 뗏목에 비유한 것을 알아서 법도 마땅히 버려야 하느니라. 하물며 법이 아닌 것이야 말할 나위가 있겠느냐!

正信希有分 第六
정신희유분 제육
須菩提 白佛言 世尊 頗有衆生 得聞如是言說章句 生實信不
수보리 백불언 세존 파유중생 득문여시언설장구 생실신부

佛告 須菩提 莫作是說 如來滅後 後五百歲 有持戒修福者
불고 수보리 막작시설 여래멸후 후오백세 유지계수복자
於此章句 能生信心 以此爲實
어차장구 능생신심 이차위실

當知是人 不於一佛二佛三四五佛 而種善根 已於無量千萬佛所
당지시인 불어일불이불삼사오불 이종선근 이어무량천만불소
種諸善根 聞是章句 乃至 一念 生淨信者
종제선근 문시장구 내지 일념 생정신자

須菩提 如來 悉知悉見 是諸衆生 得如是無量福德
수보리 여래 실지실견 시제중생 득여시무량복덕
何以故 是諸衆生 無復我相人相衆生相壽者相 無法相 亦無非法相
하이고 시제중생 무부아상인상중생상수자상 무법상 역무비법상

何以故 是諸衆生 若心取相 卽爲着我人衆生壽者
하이고 시제중생 약심취상 즉위착아인중생수자
若取法相 卽着我人衆生壽者
약취법상 즉착아인중생수자
何以故 若取非法相 卽着我人衆生壽者
하이고 약취비법상 즉착아인중생수자
是故 不應取法 不應取非法
시고 불응취법 불응취비법
以是義故 如來常說 汝等比丘 知我說法 如筏喩者 法尙應捨 何況非法
이시의고 여래상설 여등비구 지아설법 여벌유자 법상응사 하황비법

해설: 바른 믿음은 희유합니다.

수보리 존자는 집착 없는 보시를 실천하면 헤아릴 수 없는 복덕을 얻고 모든 형상이 실체가 없음을 보면 여래를 볼 수 있다는 부처님 말씀을 듣고 과연 얼마나 많은 중생이 진실로 믿는 마음이 생길 수 있는가에 대하여 걱정이 되었습니다. 하지만 부처님은 열반 후 수 천년의 세월이 흘러 사람들이 자신에 대한 집착과 물질에 대한 소유욕이 강해져서 불법이 점점 쇠퇴하는 말세가 온다 하더라도 계율을 지켜서 탐욕을 그치고 지혜를 닦아서 이 경을 듣고 진실한 믿음을 내는 중생이 있다고 확신하십니다.

실다운 믿음을 내는 중생은 헤아릴 수없이 많은 부처님께 모든 선근을 심을 뿐만 아니라 머무는 바 없는 보시를 실천하고 모든 형상에 속지 않아서 여래를 능히 볼 수 있습니다. 선근은 욕심과 분노 그리고 어리석음이 없는 마음을 심는 불종자입니다. 불종자를 심은 사람이 경의 말씀을 듣고 한 순간만이라도 상이 없는 믿음을 내면 그 복덕은 헤아릴 수 없이 많지요. 복덕이 많은 까닭은 이 사람들은 아상 인상 중생상 수자상과 같은 아집이 없습니다. 또한 모든 형상이 있다고 집착하는 법집이 없습니다. 반대로 모든 형상이 없다는 공집도 없습니다. 아집 법집 공집 세 가지 집착이 없기 때문에 그 복덕이 헤아릴 수 없는 것이지요. 그래서 발심한 보살이라 할지라도 상을 취하면 아집에 빠지고 법상을 취하면 법집에 빠지며 비법상을 취하면 공집에 빠져 즉시 보살이라 할 수 없습니다. 특히 보살이 아무 것도 없는 공에 집착하게 되면 형상에 집착하는 아집보다 더 위험한 재앙을 불러 옵니다. 왜냐하면 공에 집착하는 것도 또 다른 법상에 집착하는 병에 걸려서 이번에는 모든 것을 부정하게 되기 때문이지요.

어느 마을에 소를 타고 다니는 사람이 살고 있었습니다. 그런데 이 사람은 항상 소를 타고 있으면서도 자신의 소를 찾아 돌아다녀서 마을사람들의 웃음거리가 되곤 했습니다. 그러던 어느 날 자신이 소를 타고 있는 모습을 우연히 발견하고 기쁘기 한이 없었습니다. 너무 기뻐서 이제는 아예 소 등에서 잠자고 밥을 먹으며 좀처럼 소에서 내려오지 않았습니다. 이런 모습들이 마을사람들에게 더 큰 웃음거리가 되었지요. 이 사람은 자신이 타고 있는 소를 보고 소를 찾는 병을 치료 했습니다. 그러나 이제는 소를 찾는 병은 고쳤으나 소를 찾았다는 집착이 생겨서 소에서 내려오지 않는 더 심한 병에 걸렸으니 이를 어쩌면 좋을까요? 어떻게 하면 소에서 내려올 수 있을까요?

부처님은 형상에 집착하는 병이 금강경에도 전염될까 염려되어 경의 뜻을 통달한 후에는 경마저 버리라고 하셨습니다. 마치 달을 가리키는 손가락을 통해서 달을 보고 나면 손가락에는 집착할 필요가 없는 이치와 같습니다. 또한 뗏목을 타고 목적지에 도착하면 뗏목에 머물 필요가 없겠지요. 손가락과 뗏목은 바로 부처님 말씀인 금강경입니다. 그래서 자신이 소와 같이 있는 것을 보았으면 소에 대한 집착이 없어지는 순간 바로 소에서 내려오면 되겠네요. 이와 같이 바른 믿음은 부처님처럼 희유합니다.

장면 7: 부처님은 모든 형상에 분별 집착하는 마음이 없어야만 여래를 볼 수 있으며 목적지에 도착하면 뗏목을 버리듯이 부처님의 가르침도 버려야 한다고 말씀하셨습니다. 하지만 실제로 부처님은 보리수나무 밑에서 성도하시고 수많은 설법을 하셨으니 중생들은 당연히 부처님은 깨달음을 얻어서 설법을 하신 것이라고 생각합니다. 이러한 잘못된 생각들을 고쳐주시기 위해서 수보리 존자에게 여래가 얻은 것이 있는지 물어보십니다. 또한 여래가 설한 것이 있는지 물어보십니다.

불: (형상에만 익숙한 사람들이 불법은 얻을 수 있는 대상으로 여기는 것을 걱정하시며) 수보리여! 그대의 뜻은 어떠한가?

여래가 아뇩다라삼먁삼보리를 얻은 것이 있느냐? 여래가 설한 것이 있느냐?

수보리: (부처님께서 묻는 이유를 알고 고개를 저으며) 제가 부처님께서 말씀하신 뜻을 이해하기로는 아뇩다라삼먁삼보리라고 이름 할 정해진 법이 없습니다. 또한 여래가 말씀하신 것도 정해진 법이 없습니다. 정해진 법이 없는 까닭은 여래께서 말씀하신 법은 취할 수 없고 설명할 수 없으며 있는 것도 아니고 없는 것도 아니기 때문입니다. 이유는 무엇인가요? 모든 현인과 성인이 전부 무위법에 따라서 차별이 있기 때문입니다.

無得無說分 第七
무득무설분 제칠
須菩提 於意云何 如來得 阿耨多羅三藐三菩提耶 如來 有所說法耶
수보리 어의운하 여래득 아뇩다라삼먁삼보리야 여래 유소설법야
須菩提言 如我解佛所說義 無有定法 名阿耨多羅三藐三菩提
수보리언 여아해불소설의 무유정법 명아뇩다라삼먁삼보리
亦無有定法 如來可說
역무유정법 여래가설

何以故 如來所說法 皆不可取 不可說 非法 非非法
하이고 여래소설법 개불가취 불가설 비법 비비법

所以者何 一切賢聖 皆以無爲法 而有差別
소이자하 일체현성 개이무위법 이유차별

해설: 얻은 것이 없고 말한 것이 없습니다.

부처님께서 보리수나무 밑에서 깨달음을 얻으시고 녹야원에서 처음 설법을 시작으로 여러 곳을 다니시면서 설법하신 것은 누구든지 확실하게 알고 있습니다. 하지만 부처님이 깨달은 세계인 보리는 몸이나 사람 또는 물질처럼 밖으로부터 얻은 것이 아니고 안으로부터 본래 있었던 것을 찾은 것입니다. 이와 같이 보리는 본래 있었던 것을 찾은 것이라서 새로 얻은 것이 아닙니다. 더욱이 아상이 없어서 내가 없으니 얻었으나 얻은 것이 아니고 말했으나 말한 것도 없는 것이지요.

여래의 보리는 명칭과 형상이 모두 없으므로 정해진 법이 없습니다. 여래께서 말씀하신 법 역시 말과 글로 설명할 수 없기 때문에 정해진 법이 없습니다. 만약에 보리라는 법이 정해져 있다면 법상을 취해서 있는 것에 집착하게 되고 반대로 보리라는 법이 없다고 정해져 있다면 비법상을 취한 것이니 없는 것에 집착하게 됩니다. 그래서 보리는 당연히 정해진 법이 없는 것이지요. 부처께서 말씀하신 법도 말과 글로 표현할 수 없으므로 귀로 들어서 취할 수 없고 입으로 말할 수 없습니다. 더 놀라운 것은 보리를 얻고 보니 본래 가지고 있었던 것입니다. 그래서 보리는 본래 있었던 것이어서 얻은 것이 아니며 말로 설명하였으나 말한 것이 없습니다.

보리는 본래 있는 것이지만 중생은 집착으로 불성이 가려있어서 모르고 있을 뿐입니다. 앞에서 모든 형상에서 상이 아님을 보면 여래를 볼 수 있다고 했지요. 보리도 일체 상을 떠났기 때문에 얻을 수 없으며 말과 글로 표현할 수 없으므로 말할 수 없습니다. 이와 같이 여래의 보리는 본래 있었던 것을 찾은 것뿐이어서 얻은 것도 아니고 말한 것도 아니지요. 결국 보리를 증득한 사람은 새로 얻은 것이 아니고 보리를 증득하지 못한 사람이라고 해서 잃어버린 것이 아닙니다.

이와 같이 보리는 모두에게 평등하지만 중생은 상에 집착으로 인하여 무위법을 아예 모르고 현인과 성인들은 무위법의 깊이에 따라서 차별이 있을 따름입니다. 무위법은 모든 상을 떠난 경지를 말하지요. 성문 연각 같은 현인들은 상을 떠난 경지가 낮아서 해탈 열반에 집착하게 됩니다. 보살 성인들은 해탈의 집착에서 벗어났지만 보리에 집착해서 그 정도에 따라서 지위가 다릅니다. 하지만 부처님의 무위는 극에 달해서 보리를 얻었으나 얻은 것이 없고 수많은 사람들에게 법을 설하였으나 말한 것이 없는 경지에 계십니다. 부처님의 무위는 모든 상을 여의였기 때문에 마치 허공과 같아서 모든 것을 채워도 빈자리를 모르는 것과 같습니다.

장면 8: 사람들은 눈으로 확실하게 보여야만 있는 것으로 알고 보이지 않는 것은 없다고 간주합니다. 법회 청중은 앞에서 부처님이 설하신 법은 얻을 수 없고 말할 수 없으며 고정된 법이 없다는 말씀을 듣고 그러면 부처님 말씀으로 된 금강경이 무슨 의미가 있는가 하고 생각합니다. 그래서 부처님께서 경을 받아서 지니는 복과 칠보로 보시하는 복을 비교하시며 수보리 존자에게 어떤 복이 더 뛰어난 복인가를 물어보십니다. 수보리 존자는 중생이 이해하기 쉽게 부처님의 뜻에 장단 맞추며 대답합니다.

불: (사람들이 가장 귀하게 여기는 칠보로 보시하는 복덕을 예로 보이시며) 수보리여! 그대의 뜻은 어떠하냐? 만약에 어떤 사람이 삼천대천세계에 가득찬 일곱 가지 보물로 보시 한다면 이 사람이 얻는 복덕은 얼마나 많겠느냐?

수보리: (부처님께서 보물 복덕은 인연 따라 생겼다가 사라지는 일시적인 복덕이라는 말씀을 하시려는 뜻을 미리 헤아려서) 복덕이 매우 많습니다. 세존이시여! 복덕이 많은 이유는 칠보로 인한

복덕은 곧 복덕성이 없기 때문입니다. 그러한 까닭으로 여래께서는 눈에 보이는 복덕이 많다고 하셨나이다.

불: (수보리 존자가 부처님의 뜻을 정확하게 알고 있음을 인정하시고 흐뭇한 표정을 지으시며) 만약 다시 어떤 사람이 이 경을 받아 지녀서 내지는 사구게 등이라도 다른 사람을 위해 해설해 준다면 이 복은 칠보 복보다 훨씬 훌륭하느니라. (경의 복이 훌륭한 결정적인 이유를 내 보이시며) 이 경의 복이 칠보복보다 훌륭한 까닭은 수보리여! 모든 부처님뿐만 아니라 모든 부처님들의 아뇩다라삼먁삼보리법이 전부 이 경을 따라서 나왔기 때문이니라! (하지만 불법은 얻을 수 있는 대상이 아니므로 불법에 집착하는 것을 경계하시며) 수보리야! 이른바 불법이라는 것도 곧 불법이 아니니라!

依法出生分 第八
의법출생분 제팔
須菩提 於意云何 若人 滿三千大天世界 七寶 以用布施
수보리 어의운하 약인 만삼천대천세계 칠보 이용보시
是人 所得福德 寧爲多不
시인 소득복덕 영위다부
須菩提言 甚多 世尊
수보리언 심다 세존
何以故 是福德 卽非福德性 是故 如來說 福德多
하이고 시복덕 즉비복덕성 시고 여래설 복덕다

앉은 자리에서 부처되기

若復有人 於此經中 受持 乃至四句偈等 爲他人說 其福勝彼
약부유인 어차경중 수지 내지사구게등 위타인설 기복승피
何以故 須菩提 一切諸佛 及諸佛 阿耨多羅三藐三菩提法 皆從此經出
하이고 수보리 일체제불 급제불 아뇩다라삼먁삼보리법 개종차경출
須菩提 所謂 佛法者 即非佛法
수보리 소위 불법자 즉비불법

해설: 부처와 보리는 이 경에 의지해서 출생했습니다.

재물은 머무는 순간 온갖 즐거움을 주지만 얻으면 반드시 잃게 되어
지키기 어려울 뿐만 아니라 자만심과 교만함으로 잘못 사용하여 많은
사람에게 고통을 주고 자신마저도 원망을 받게 됩니다. 칠보 복덕도
좋은 것이지만 인연 따라 생겼다가 사라지고 한 번 쓰고 나면 없어지
기 때문에 진실한 복덕성이 없습니다. 복덕은 보답을 바라면 많고 적
음의 분별이 생기고 집착이 일어나서 편안하지 않습니다. 더 중요한
것은 아무리 많은 칠보 복으로는 삶과 죽음의 윤회에서는 벗어날 수
없는 복이기 때문에 한계가 있지요.

반면에 스스로 경을 듣고 배워서 그 뜻을 잊지 않고 늘 실천하
면 모든 분별 집착하는 마음이 항복되어 삶과 죽음이 평등한 것을 보
게 됩니다. 결국 생로병사하는 내 몸이 불생불멸임을 보는 해탈 지혜
로 삶과 죽음의 윤회에서 벗어나게 되지요. 그래서 경의 짧은 구절이
라 하더라도 배우고 지녀서 다른 사람에게 설명해 주기만 해도 그 복
이 칠보 복보다 더 훌륭합니다. 더 놀라운 것은 모든 부처님과 부처님
의 아뇩다라삼먁삼보리법이 이 경을 의지해서 나왔다는 사실입니다.
마치 아기가 어머니 태중에서 태어나듯이 부처님도 반야바라밀 경에
서 출생하셨기에 반야를 부처의 어머니라고 합니다. 이와 같이 금강
경 네 구절이 삼천대천세계에 가득한 칠보를 보시한 복덕보다 훌륭하

다니 경을 간직하지 않을 수 없겠지요?

　경은 같은 내용도 반복해서 읽으면 읽을수록 그 지혜가 깊어집니다. 열 번 읽으면 열 개의 지혜가 생기고 백 번 읽으면 백 개의 지혜가 생깁니다. 경을 믿는 마음이 청정할수록 지혜는 넓어지고 곱씹으면 곱씹을수록 지혜는 깊어지지요. 오늘 공부한 경의 내용이 내일 공부하면 또 다른 모습으로 나타납니다. 그래서 경에서 배운 대로 일상에서 그대로 실천하면 성불하는 방편 중에서 가장 빠르고 정확한 길이 됩니다. 금강경을 읽고 배워서 실천한 복이 세상에서 가장 귀한 보물 복보다 더 훌륭합니다. 이 말은 얼마나 사람들이 믿지 않았으면 금강경에서 가장 많이 반복해서 나오는 내용 중에 하나입니다. 이것이 거짓되고 속이는 말이라면 금강경이 수 천년동안 최고의 경전으로 유지할 수 없었을 것입니다.

　경의 복덕이 이렇게 훌륭하지만 경에 집착하면 또 다른 형상을 취하게 되므로 즉시 불법이 아닙니다. 왜냐하면 불법은 모든 형상이 없으므로 주고받을 수 있는 대상이 아니기 때문이지요. 부처님이 말씀하신 불법은 모든 법이 전부 불법이므로 모자란 것이 없습니다. 그래서 언제나 부족함이 없는 그 앉은 자리가 바로 불법이니 집착할 필요도 없는 것이지요.

장면 9: 여래께서 불법은 형상이 없어서 얻을 수 없고 말과 글로 표현할 수 없다고 말씀하셨습니다. 그러면 수다원, 사다함, 아나함, 아라한은 지혜의 결과를 얻어서 이룬 성인들인데 이것들 역시 형상이 아니고 무엇인가요? 그래서 부처님께서 성인들이 지혜를 얻었다는 망심에 대해서 미리 수보리 존자에게 견해를 물어 보시고 수보리 존자는 부처님의 뜻을 청중이 이해할 수 있도록 대답합니다.

불: (수다원이 얻은 지혜를 집착하는지 시험해 보시려고 물으시
        기를) 수보리여! 그대의 뜻은 어떠하냐? 수다원이 능히 내가
        수다원과를 얻었다는 생각을 하겠느냐?

수보리: (수다원이 얻은 지혜는 얻었다고 생각할 수 있는 대상이 아님
        을 바로 알고 답하기를) 아닙니다. 세존이시여! 수다원과를
        얻었다는 생각을 하지 않는 까닭은 수다원이 성인의 세계에
        들어섰으나 들어간 적이 없기 때문입니다. 색 성 향 미 촉 법
        에 들어가지 아니하여 그 이름이 수다원 입니다.

불: (수보리의 답변이 부처의 질문과 잘 계합되어 흐뭇해 하시며)
        수보리여! 그대의 뜻은 어떠한가? 사다함이 능히 내가 사다함
        과를 얻었다고 생각 하겠느냐?

수보리: (사다함이 얻은 지혜 역시 얻었다고 생각할 수 있는 대상이
        아닌 것을 알고 답하기를) 아닙니다. 세존이시여! 사다함과를
        얻었다고 생각하지 않는 이유는 사다함은 인간 세상으로 한
        번 왔다 갔으나 실로 가고 오는 것이 없으므로 그 이름이 사
        다함입니다.

불: (다시는 인간의 몸을 받지 않는 아나함을 가리키며) 수보리여!
        그대의 뜻은 어떠하냐? 아나함이 능히 내가 아나함과를 얻었
        다고 생각을 하겠느냐?

수보리: (마음이 사라지면 생각하는 대상도 같이 사라지므로 당연
        한 어조로) 얻었다고 생각해서는 안됩니다. 세존이시여!
        아나함과를 얻었다고 생각하지 않는 까닭은 아나함이 다시는

인간 세상에 오지 않는 것도 실로 돌아 올 것도 없기 때문입니다. 그러므로 이름이 아나함입니다.

불: (욕망의 그림자마저 사라진 수보리를 가리키며) 수보리여! 그대의 뜻은 어떠하냐? 아라한이 능히 내가 아라한 도를 얻었다고 생각을 하겠느냐?

수보리: (성인들이 얻은 지혜의 결과조차도 있고 없음을 용납하지 않으려고) 얻었다고 생각하면 안 됩니다. 세존이시여! 아라한 도를 얻었다고 생각하지 않는 이유는 실로 아라한이라고 이름 할 만한 법이 없기 때문입니다. 세존이시여! 만약 아라한이 아라한 도를 얻었다고 생각한다면 곧 아인중생수자에 집착하게 되는 것입니다.
(아란한도를 얻었다는 생각이 없었음을 증명해 보이려고) 세존이시여! 부처님께서 제가 다툼이 없는 삼매를 얻은 사람 중에서 제일이 되어서 욕망을 떠난 제일가는 아라한이라 하셨지만 저는 욕망을 떠난 아라한이라고 생각해 본 적이 없습니다. 세존이시여! 만약 제가 아라한 도를 얻었다고 생각했다면 세존께서는 즉시 수보리가 이런 아란나 행을 좋아하는 자라고 말씀하지 않았을 것입니다. 수보리가 실로 행한 바가 없는 까닭으로 수보리가 아란나 행을 좋아한다고 말씀하셨습니다.

一相無相分 第九

일상무상분 제구

須菩提 於意云何 須陀洹 能作是念 我得須陀洹果不

수보리 어의운하 수다원 능작시념 아득수다원과부

須菩提言 不也 世尊

수보리언 불야 세존

何以故 須陀洹 名爲入流 而無所入 不入色聲香味觸法 是名須陀洹

하이고 수다원 명위입류 이무소입 불입색성향미촉법 시명수다원

須菩提 於意云何 斯陀含 能作是念 我得斯陀含果不

수보리 어의운하 사다함 능작시념 아득사다함과부

須菩提言 不也 世尊

수보리언 불야 세존

何以故 斯陀含 名一往來 而實無往來 是名斯陀含

하이고 사다함 명일왕래 이실무왕래 시명사다함

須菩提 於意云何 阿那含 能作是念 我得阿那含果不

수보리 어의운하 아나함 능작시념 아득아나함과부

須菩提言 不也 世尊

수보리언 불야 세존

何以故 阿那含 名爲不來 而實無不來 是故 名阿那含

하이고 아나함 명위불래 이실무불래 시고 명아나함

須菩提 於意云何 阿羅漢 能作是念 我得阿羅漢道不

수보리 어의운하 아라한 능작시념 아득아라한도부

須菩提言 不也 世尊 何以故 實無有法 名阿羅漢

수보리언 불야 세존 하이고 실무유법 명아라한

世尊 若阿羅漢 作是念 我得阿羅漢道 卽爲着我人衆生壽者
세존 약아라한 작시념 아득아라한도 즉위착아인중생수자

世尊 佛說 我得無諍三昧人中 最爲第一 是第一離欲阿羅漢
세존 불설 아득무쟁삼매인중 최위제일 시제일이욕아라한
我不作是念 我是離欲阿羅漢
아부작시념 아시이욕아라한

世尊 我若作是念 我得 阿羅漢道 世尊 卽不說 須菩提 是樂阿蘭那行者
세존 아약작시념 아득 아라한도 세존 즉불설 수보리 시요아란나행자
以須菩提 實無所行 而名須菩提 是樂阿蘭那行
이수보리 실무소행 이명수보리 시요아란나행

해설: 하나의 상도 없어야 부처의 경지입니다.

반야는 모든 형상이 실체가 없는 무상이기 때문에 지혜를 얻은 성인들이라 할지라도 반야의 세계에서는 성인이 있을 수 없고 얻은 지혜도 있을 수 없습니다. 수다원은 성인의 지위에 들어갔으나 성인이라는 형상이 실체가 없기 때문에 성인의 무리에 들어간 것이 없겠지요. 사다함도 천상과 인간 세상을 한 번 왔다가 갔지만 천상과 인간상도 마음이 만들었기 때문에 진실로 왕래한 일이 없습니다. 마찬가지로 아나함 역시 욕심이 다하여 다시는 인간 세상의 몸을 받지 않지만 아나함 상 또한 허망한 것일 뿐입니다. 번뇌가 완전히 사라진 아라한도 진실로 아라한이라 이름 할 것이 없으며 아라한 도를 이루었다고 생각하는 순간에 바로 아상 인상 중생상 수자상에 집착하게 되어 아라한이 물거품이 됩니다. 이와 같이 성인들이라 하더라도 한 순간 지혜

의 결과를 이루었다는 생각이 일어났다면 즉시 성인이라 할 수 없습니다. 왜냐하면 성인들이 지혜를 얻고 이루었지만 반야에서는 지혜를 이루었다는 생각이 없는 무위법이므로 성인도 없고 지혜도 없기 때문입니다.

현상 세계는 하고자 하는 욕심이 생기는 유위법으로 언제나 다툼이 있습니다. 반야의 세계는 욕망이 없으므로 생각의 그림자마저 사라져 허공처럼 아무런 다툼이 없습니다. 더욱이 모든 형상은 자신의 성질이 없고 실체가 없으므로 수다원 사다함 아나함 아라한과 같은 성인이 있을 수가 없겠지요. 그래서 반야바라밀은 오고 가며 얻는 것이 아니라 지금 앉은 자리에서 생각만 멈추면 환하게 나타나는 본래 가지고 있는 불성입니다. 마치 햇빛의 도움으로 나무에서 꽃이 피고 열매를 맺었지만 햇빛은 꽃이나 열매에 전혀 관심이 없습니다. 마찬가지로 불성도 잠자거나 일하거나 쉬거나 가리지 않고 언제나 나와 함께 하지만 일의 결과에는 전혀 집착이 없습니다. 그러면 일상이 바로 해탈이요 전부 열반인 것이지요.

중생이 부처가 될 수 있는 불성을 가지고 있으면서도 보리를 깨닫지 못하는 까닭은 한 생각 일어나면 집착으로 인하여 불성을 보지 못하기 때문입니다. 그래서 한 생각 일어나면 중생이 되고 한 생각 사라지면 부처가 되지요. 마찬가지로 성인이라 할지라도 한 순간 마음이 상에 집착하면 집착에 눈이 가려서 불성이 어둠속에 빠져 아무것도 볼 수 없습니다. 반대로 상에 집착하고 분별하는 생각을 멈추면 불성이 청정하여 마치 햇빛이 밝게 비추어서 온갖 모습을 확실하게 볼 수 있는 안목을 갖는 것과 같습니다. 그래서 수다원은 성인의 무리에 들었다는 생각이 없으며 사다함은 인간 세상에 한 번 왔다가 갔다는 생각이 없어야 합니다. 마찬가지로 아나함은 인간 세상에 오지 않는다는 생각이 없어야 하며 아라한은 아라한 도를 이루었다는 생각이 없어야 상이 없는 무위의 경지에 들 수 있습니다.

장면 10: 부처님이 과거에 연등부처님 처소에서 앞으로 부처가 될 것이며 호를 석가모니라고 수기를 받으셨습니다. 앞에서 성인들은 얻은 것이 없다고 했는데 많은 사람들은 부처님이 연등부처님으로부터 수기를 받은 것이 보리를 얻은 것이라고 의문을 갖습니다. 마찬가지로 보살이 원을 세워서 불토를 장엄한 것도 얻은 것이라는 생각합니다. 하지만 부처님은 얻고 취하는 생각이 위험한 것임을 다시 수보리 존자에게 확인하시며 법회 청중에게 알려주십니다.

불: (부처의 깨달음이 연등불로부터 얻은 것이라는 생각을 경계하시며 수보리 존자에게 묻기를) 그대의 뜻은 어떠하냐? 여래가 과거에 연등부처님 계신 곳에서 법을 얻은 것이 있느냐?

수보리: (불법은 주고받는 것이 아니라는 뜻을 알아차리고) 얻은 것이 없습니다. 세존이시여! 여래께서 연등부처님 처소에 계실 때 법을 얻으신 것은 실로 아무것도 없습니다.

불: (수보리의 대답에 흡족해 하시며) 수보리여! 그대의 뜻에는 어떠하냐? 보살이 불토를 장엄하였느냐?

수보리: (보살이 만행을 닦아서 불토를 장엄하지만 불법이 얻은 것이 아니듯이 보살도 취함이 없음을 새기며) 장엄하게 만드는 것도 없습니다. 세존이시여! 장엄이 없는 까닭은 장엄 불토라는 것도 상을 취하는 것이기 때문에 곧 장엄이 아니라 그 이름이 장엄이라 하옵니다.

불: (모든 보살들을 보시며) 그러므로 수보리야! 모든 보살들은 마땅히 이와 같이 청정심을 내야 하느니라! 반드시 보이는 것에 머물지 말고 마음을 내야하고 소리, 냄새, 맛, 촉감 그리고

생각에도 머물지 말고 마음을 내야 하느니라! 마땅히 머무르
는 것이 없는 그 마음을 내라 하였느니라!
(청정심을 쉽게 이해하도록 수미산왕과 같은 큰 몸을 예로 드
시며) 수보리여! 어떤 사람의 몸이 수미산왕에 비유한다면 그
대의 뜻은 어떠하냐? 이 몸이 크다고 하겠느냐?

수보리: (수미산왕과 같은 큰 몸도 한낱 눈에 보이는 형상에 불과하다
는 부처님 뜻을 알아서) 매우 크나이다. 세존이시여! 왜냐하
면 부처님께서 몸이 아니라고 말씀하신 것은 몸이 크다 작다
는 생각이 없어야 큰 몸이라 이름 하셨나이다.

莊嚴淨土分 第十
장엄정토분 제십
佛告 須菩提 於意云何 如來 昔在練燈佛所 於法 有所得不
불고 수보리 어의운하 여래 석재연등불소 어법 유소득부
不也 世尊 如來 在練燈佛所 於法 實無所得
불야 세존 여래 재연등불소 어법 실무소득

須菩提 於意云何 菩薩 莊嚴佛土不
수보리 어의운하 보살 장엄불토부
不也 世尊 何以故 莊嚴佛土者 卽非莊嚴 是名莊嚴
불야 세존 하이고 장엄불토자 즉비장엄 시명장엄

是故 須菩提 諸菩薩摩訶薩 應如是生淸淨心
시고 수보리 제보살마하살 응여시생청정심

不應住色生心 不應住聲香味觸法生心 應無所住 而生其心
불응주색생심 불응주성향미촉법생심 응무소주 이생기심

須菩提 譬如有人 身如須彌山王 於意云何 是身 爲大不
수보리 비여유인 신여수미산왕 어의운하 시신 위대부
須菩提言 甚大 世尊 何以故 佛說非身 是名大身
수보리언 심대 세존 하이고 불설비신 시명대신

해설: 청정심이 최고의 장엄정토입니다.

반야의 세계는 얻을 수 없어서 잃을 것도 없습니다. 또한 나와 네가 구별이 없어서 주고받을 수 없으므로 실로 얻은 것이 없습니다. 반야에 의지하여 나온 보리 역시 주고받는 물건이나 지식이 아니기 때문에 얻거나 잃을 수 있는 대상이 아니지요. 그래서 부처님께서 과거에 연등부처님으로부터 받은 것은 실로 아무것도 없습니다.

보살이 만행을 닦아서 절을 짓고 공양을 올려서 불토를 장엄하지만 보살이 아닌 사람일지라도 보답을 바라지 않는 마음으로 모든 이에게 공경을 실천하면 온 몸이 불국토가 되지요. 생각마다 분별 집착하는 마음이 없으면 그 마음이 곧 장엄 불토입니다. 결국 최고의 장엄 불토는 만들고 꾸미는 장엄보다는 보답을 바라지 않고 분별 집착이 없는 청정한 마음이 바로 장엄인 것입니다. 이와 같이 보살은 모든 법에 머무는 바 없이 청정심을 내야 합니다.

생각은 대상을 좇아서 수시로 일어났다가 사라지는 파도와 같아서 좋아서 얻었다고 하더라도 반드시 없어집니다. 마찬가지로 대상을 좇는 생각이 쉬면 눈앞의 대상도 사라지지요. 이와 같이 생각이 없는 곳에서는 대상이 발붙일 곳이 없게 됩니다. 그래서 마음이 보는 대로 세상이 보입니다. 색 성 향 미 촉 법에 집착하여 마음을 내지 말라

앉은 자리에서 부처되기

는 것은 대상을 구하거나 얻으려는 생각이 있으면 청정심과는 정반대의 세상으로 가기 때문입니다. 청정심은 오로지 세상 모든 것을 평등하게 보고 바라는 것이 없을 때 자연스럽게 나타나는 본래의 마음입니다. 마치 산이 크다는 생각이 없으며 바다가 넓다는 생각이 없는 것처럼 부처님도 삼십이상을 갖추고 계시지만 몸을 얻었다는 생각이 없습니다. 그래서 부처님의 법신은 몸이 크다는 분별 집착이 없는 청정심으로 우주에 가득 차 있어서 크기를 알 수 없습니다. 왜냐하면 청정심은 어디서든지 생각만 멈추면 만날 수 있기 때문입니다.

청정심은 모습과 소리가 없어서 보고 들을 수 없습니다.
청정심은 너와 내가 없어서 사랑과 미움이 없습니다.
청정심은 정해진 것이 없어서 얻은 것이 없습니다.
청정심은 본래부터 있어서 부족함이 없습니다.
청정심은 비어 있어서 채울 수 있습니다.
청정심은 최고의 장엄 정토입니다.
청정심은 바로 보리심입니다.
청정심은 법신입니다.

장면 11: 금강경을 받아 지녀서 다른 사람에게 해설하는 복덕이 하나의 삼천대천세계에 가득한 칠보로 보시한 복덕보다 훌륭하다고 말씀하셨습니다. 사람들은 금강경 복덕이 하나의 삼천대천세계보다 얼마나 더 많은 삼천대천세계에 가득한 칠보보시 복덕보다도 훌륭한 것인가를 상상합니다. 이번에는 부처님께서 감히 생각할 수 없이 많은 항하의 모래 수와 같은 삼천대천세계를 방편으로 금강경 복덕이 칠보복덕보다 뛰어난 것을 보여주십니다.

불: (청중들에게 하나의 삼천대천세계에 가득한 보물보다 더 많은 보물의 양을 설명하기 위해서 무수히 많은 항하의 모래를 보이시며) 수보리여! 항하에 있는 모래 수만큼 같은 수의 항하가 있다면 그대의 뜻은 어떠하냐? 이 모든 항하의 모래수가 많겠느냐?

수보리: (부처님 비유에 놀라운 표정으로) 대단히 많습니다. 세존이시여! 모든 항하의 수만도 오히려 셀 수 없이 많은데 하물며 모래 수이겠습니까!

불: (칠보 보시의 양이 많음을 강조하시며) 수보리여! 내가 지금 너에게 진실하게 말하겠노라. 만약에 선남자 선여인이 모든 항하의 모래 수와 같은 삼천대천세계에 칠보로 가득 채워서 보시에 사용한다면 그 복이 많겠느냐?

수보리: (부처님께서 금강경 복이 더 뛰어나다는 것을 설명하기 위해서 항하의 모래수 만큼 많은 칠보 복과 비교 말씀하시려는 뜻에 장단맞추어) 칠보 보시 복이 매우 많나이다. 세존이시여!

불: (결론에 도달했음을 아시고 미소 지으시며) 만약 다른 선남자 선여인이 이 경의 전부 내지는 사구게 등이라도 받아 지녀서 다른 사람을 위해 해설해 주면 이 복덕이 앞의 칠보 복덕보다 훨씬 훌륭하느니라.

無爲福勝分 第十一

무위복승분 제십일

須菩提 如恒河中所有沙數 如是沙等恒河 於意云何 是諸恒河沙 寧爲多不

수보리 여항하중소유사수 여시사등항하 어의운하 시제항하사 영위다부

須菩提言 甚多 世尊 但諸恒河 尙多無數 何況其沙

수보리언 심다 세존 단제항하 상다무수 하황기사

須菩提 我今實言告汝 若有善男子 善女人 以七寶 滿爾所恒河沙數

수보리 아금실언고여 약유선남자 선여인 이칠보 만이소항하사수

三千大天世界 以用布施 得福多不

삼천대천세계 이용보시 득복다부

須菩提言 甚多 世尊

수보리언 심다 세존

佛告 須菩提 若善男子 善女人 於此經中 乃至 受持 四句偈等

불고 수보리 약선남자 선여인 어차경중 내지 수지 사구게등

爲他人說 而此福德 勝前福德

위타인설 이차복덕 승전복덕

해설: 경의 무위복은 비교할 대상이 없이 훌륭합니다.

사람들은 눈에 보이는 복덕을 얼마나 많이 보여주어야 모든 상에서
떠난 무위복이 진실로 훌륭한 것이라고 믿을 것인가? 앞에서 부처님
은 방편으로 하나의 삼천대천세계에 가득한 보물을 보이셨는데 이번
에는 항하의 모래 수와 같은 항하의 모든 모래 수가 있다면 이와 같은
숫자의 삼천대천세계에 가득한 보물은 얼마나 많은가를 물으십니다.
하지만 보물 복덕은 마치 꿈속에서 아무리 많이 얻었다 하더라도 깨

고 나면 전부 눈앞에서 사라진 것과 같습니다. 마찬가지로 형상이라는 꿈도 억만년을 꾸어도 꿈일 뿐이어서 꿈을 깬 것과는 비교대상이 아닙니다. 보물 복덕도 좋은 것이지만 보답이 있는 유위복이라서 사용하면 없어지고 지키기가 어렵고 결국 흩어지기 마련이어서 고통만 남을 뿐입니다.

반면에 금강경 무위복은 도와준다는 생각 없이 도와주고 베푼다는 생각 없이 베풀기 때문에 보답을 바라지 않습니다. 보답을 바라지 않으면 하루 종일 베풀고 도와주어도 힘들지 않겠지요. 오히려 좋은 일을 한 종자들이 마음에 심어져 아상 인상 중생상 수자상을 항복 받습니다. 그래서 성인은 지혜를 얻었으나 얻은 것이 없고 보살이 불토를 장엄했으나 장엄한 것이 없습니다. 심지어는 여래는 보리를 얻은 것도 없고 불법을 말한 것도 없는 것이지요. 이와 같이 금강경 복덕은 경을 스스로 배워서 간직하고 실천하여 자신의 지혜가 깊어집니다. 같은 이치로 경의 해설은 경의 뜻을 더욱 견고하게 새겨서 해설하는 사람의 마음에 심어지게 됩니다. 마치 햇빛이 만물을 소생시키지만 한 일을 모르듯이 다른 사람에게 경을 해설하기 때문이지요. 그런데 수보리 존자는 모든 항하의 모래 수와 같은 삼천대천세계에 가득 찬 어마어마한 보물 복덕이 많겠냐는 부처님의 질문에 매우 많다고 바로 답합니다. 모든 형상이 비어있는 이치를 잘 알고 있는 수보리 존자는 당연히 복덕이 많고 적음이 없다고 대답해야 하겠지요. 하지만 경의 복덕이 훌륭함을 알려주시려는 부처님의 뜻에 장단 맞추기 위해서 보물 복덕이 많다고 하여 경의 짧은 글이라도 수지하고 해설하는 복덕이 더욱 빛났습니다.

타인은 또 다른 나의 모습입니다. 오늘 나의 모습이 똑같이 내일 타인의 모습이 되고 오늘 타인의 모습이 내일 나의 모습이 되는 것을 하루에도 수 없이 반복합니다. 상대방의 아픔에서 나의 아픔을 보고 타인의 죽음에서 나의 죽음을 볼 수 있기 때문입니다. 그래서 내가 오늘 원망한 타인의 모습이라도 언젠가는 내가 똑같이 했던 나의 모습입니다. 용서할 수 없는 원수일지라도 그 역시 마음의 그림자일 뿐이겠지요.

장면 12: 사람들은 금강경 복덕이 칠보 복덕보다 헤아릴 수 없을 만큼 훌륭하다면 금강경 해설은 누가 어느 곳에서 누구에게 어떻게 해야 하는지 의문스러워 합니다. 부처님은 경이 있는 곳이면 부처님을 모신 탑과 묘와 같아서 경을 펼치면 부처를 만날 수 있고 경을 받아 지니면 부처의 가르침을 받는 것이니 경을 해설하는 사람은 반드시 가장 높고 제일 훌륭한 법을 성취할 수 있다고 알려 주십니다.

불: (금강경이 종이와 글로 이루어진 책에 불과하지만 그 뜻의 훌륭함을 청중들에게 알리려고 정성을 드리시며) 다시 이어서 수보리여! 이 경 내지 사구게 등이라도 해설한다면 마땅히 알아라! 이곳은 온 세상 천 인 아수라들이 모두 공양을 드리는 부처님을 모신 탑과 묘와 같으니라. 어찌 하물며 어떤 사람이 경을 전부 능히 받아 지녀 외워서 읽는 것이라야 말할 수 있겠느냐!
(경을 해설하는 사람과 경이 있는 장소가 훌륭한 것을 다시 강조하기 위해 목소리를 높이시며) 수보리야! 반드시 알아라! 금강경을 해설하는 이 사람은 가장 높고 제일가는 희유한 법을 성취하게 되느니라. 만약 이 경전이 있는 곳이면 바로 부처님과 존중받는 제자들이 함께 하시는 곳이 되느니라!

尊重正敎分 第十二

존중정교분 제십이

復次 須菩提 隨說是經 乃至 四句偈等

부차 수보리 수설시경 내지 사구게등

當知此處 一切世間 天人阿修羅 皆應供養 如佛塔廟

당지차처 일체세간 천인아수라 개응공양 여불탑묘

何況有人 盡能受持讀誦 須菩提 當知是人

하황유인 진능수지독송 수보리 당지시인

成就最上第一希有之法 若是經典所在之處 卽爲有佛 若尊重弟子

성취최상제일희유지법 약시경전소재지처 즉위유불 약존중제자

해설: 경은 바로 부처가 있는 곳입니다.

반야는 모든 형상과 설명이 끊어져서 생각으로 분별할 수 없고 말이나 글로 표현할 수 없습니다. 반야의 세계는 범부 중생들이 한 번도 경험해 보지 못한 실상 세계라서 이해하기 어렵지요. 하지만 금강경을 듣고 한 번 만이라도 분별 집착하지 않는 청정심을 내면 세상에 가득한 제일 값진 보물보다 더 뛰어난 복덕이 있습니다. 같은 이치로 누구든지 이 경을 해설하는 사람이 훌륭하고 이 경이 있는 곳이면 부처님이 계신 곳과 같아서 전부 거룩한 도량이 됩니다. 그래서 금강경 내용을 듣고 놀라거나 두려워하지 않고 믿는 마음이 어긋나지만 않아도 그 복이 뛰어나다고 하지요.

금강경 해설 장소와 시간은 제한이 없습니다. 해설 장소는 시끄러운 저잣거리이든 달리는 자동차 안이든 조용한 숲속이든 장소를 가리지 않습니다. 연설 시간 역시 해설자와 듣는 사람의 상황에 따라서 짧을 경우도 있고 길 경우도 있겠지요. 심지어는 마음에서 마음으로 전

하는 말없는 해설도 있으니 보통 사람들은 아닌가봅니다. 금강경이 설해지는 자리가 바로 부처님 사리를 모신 불탑과 같고 부처님께 공양을 올리고 예배하는 법당과 같습니다. 이와 같은 금강경을 해설하는 사람은 분별 집착하는 생각을 멈추었기에 청정하고 원만한 훌륭한 법을 성취합니다. 경전은 부처님께서 깨달으신 내용을 그대로 말씀하셨으니 경전의 뜻이 실천되는 곳이면 부처가 계신 곳일 뿐만 아니라 부처님을 따르는 존중스러운 제자들이 있는 곳입니다. 그래서 부처님께서 열반에 드신 후에도 수많은 부처님이 수많은 장소에서 금강경과 함께 계시니 부처님을 친견하려고 애쓸 필요도 없겠지요! 경이 있는 곳이면 바로 부처님을 모신 탑과 법당이니 경을 펼치면 부처님을 뵙게 되고 경을 받아 지니면 부처님의 가르침을 받는 것이므로 경을 보는 앉은 자리에서 조금도 움직이지 않고 성불하였습니다. 그래서 경이 있는 장소가 바로 부처가 계신 곳입니다.

하지만 불탑과 같고 법당과 같은 금강경이라 하더라도 경의 뜻이 실천되지 않는다면 종이와 먹으로 이루어진 한 권의 책에 불과합니다. 금강경을 아무리 좋은 종이로 만들어서 보물을 대하듯이 보관하여도 그 뜻이 펼쳐지지 않는다면 무용지물이지요. 차라리 손때가 가득하게 묻어서 닳아 헤진다 하더라도 경의 이치가 많은 사람들에게 전해지는 것이 칠보 보물보다 훌륭한 금강경의 영험입니다.

장면 13: 이 경이 있는 곳은 부처님을 모신 탑과 법당같이 훌륭하며 경을 수지 독송 해설하는 사람은 부처님과 같은 최상 제일 희유한 법을 성취한다는 말씀을 듣고 많은 사람들이 거룩한 이 경의 이름과 간직하는 방법을 궁금해 합니다. 수보리 존자가 법회 청중을 대표하여 경의 이름과 경을 지니는 방법을 부처님께 가르침을 청하였습니다. 부처님은 경의 이름을 말씀해 주시고 사람들이 분별하고 집착하는 마음 없이 경의 명칭 그대로 받들어 간직할 것을 당부하십니다.

수보리: (이때 이 경의 이름과 경을 간직하는 방법을 부처님께 여쭙기를) 세존이시여! 마땅히 이 경을 무엇이라고 이름 하여야 하며 저희들은 어떻게 받들어 간직해야 하나이까?

불: (사람들이 경의 내용을 쉽게 짐작할 수 있도록 경의 이름을 지으시며) 이 경의 이름은 금강반야바라밀이며 이러한 이름과 같이 너희들은 마땅히 이 경을 받들어서 지녀야 할 것이니라. (사람들이 금강반야바라밀에 또 다른 집착할 것을 걱정하시며) 이유는 무엇인가? 수보리야! 부처가 말한 반야바라밀은 곧 반야바라밀이 아니요, 이름이 반야바라밀이니라!
(반야바라밀은 모든 형상과 생각이 끊어져서 말과 글로 표현할 수 없음을 다시 확인하시려고) 수보리여! 그대의 뜻은 어떠한가? 여래가 법을 설한 것이 있겠느냐?

수보리: (여래는 얻은 것이 없으며 말한 것도 없다는 부처님 말씀을 상기하며) 세존이시여! 여래께서는 말한 것이 없나이다.

불: (중생이 집착하는 세계는 미진이 모여서 만든 인연 형상임을 다시 설명하시려고) 수보리여! 그대의 뜻은 어떠한가? 삼천대천세계에 있는 미진이 많겠느냐?

수보리: (부처님께서 물어보시는 의중을 눈치 채고) 미진이 굉장히 많습니다. 세존이시여!

불: (세계와 미진이 전부 인연 따라 생긴 것임을 설명하시기 위

해) 수보리여! 모든 미진은 여래는 미진이 아니고 이름이 미진이라 말하느니라. 여래가 말한 세계도 세계가 아니고 그 명칭이 세계라고 말하느니라.

(다시 부처의 몸 모습을 보이시며) 수보리여! 그대의 뜻은 어떠한가? 삼십이상으로 여래를 볼 수 있겠느냐?

수보리: (부처님께서는 분명히 삼십이상을 잘 갖추고 계시지만 삼십이상도 세계와 미진처럼 실체가 없음을 상기하며) 아닙니다 세존이시여! 삼십이상으로 여래를 볼 수 없습니다. 여래를 볼 수 없는 까닭은 여래께서 말씀 하신 삼십이상은 즉시 상이 아니고 그 이름이 삼십이상입니다.

불:　 (세계와 미진 그리고 삼십이상마저 생각으로 보는 헛된 모습이므로 생각 너머에 있는 금강경의 공덕을 다시 반복해서 말씀하시기를) 수보리여! 만약 어떤 선남자 선여인이 항하의 모든 모래수와 같은 몸과 목숨을 바쳐서 보시한 복보다 다시 어떤 사람이 이 경의 내용 전부 내지는 사구게 등이라도 받아 지녀서 그 뜻을 다른 사람에게 해설한다면 그 복이 매우 많게 되느니라!

如法受持分 第十三
여법수지분 제십삼
爾時 須菩提 白佛言 世尊 當何名此經 我等云何奉持
이시 수보리 백불언 세존 당하명차경 아등운하봉지
佛告 須菩提 是經名爲 金剛般若波羅蜜 以是名字 汝當奉持
불고 수보리 시경명위 금강반야바라밀 이시명자 여당봉지

所以者何 須菩提 佛說般若波羅蜜 卽非般若波羅蜜 是名般若波羅蜜
소이자하 수보리 불설반야바라밀 즉비반야바라밀 시명반야바라밀

須菩提 於意云何 如來 有所說法不
수보리 어의운하 여래 유소설법부
須菩提 白佛言 世尊 如來 無所說
수보리 백불언 세존 여래 무소설
須菩提 於意云何 三千大天世界 所有微塵 是爲多不
수보리 어의운하 삼천대천세계 소유미진 시위다부
須菩提言 甚多 世尊
수보리언 심다 세존
須菩提 諸微塵 如來說 非微塵 是名微塵
수보리 제미진 여래설 비미진 시명미진
如來說 世界 非世界 是名世界
여래설 세계 비세계 시명세계

須菩提 於意云何 可以三十二相 見如來不
수보리 어의운하 가이삼십이상 견여래부
不也 世尊 不可以三十二相 得見如來
불야 세존 불가이삼십이상 득견여래
何以故 如來說 三十二相 卽是非相 是名三十二相
하이고 여래설 삼십이상 즉시비상 시명삼십이상

須菩提 若有善男子 善女人 以恒河沙等 身命布施
수보리 약유선남자 선여인 이항하사등 신명보시
若復有人 於此經中 乃至 受持 四句偈等 爲他人說 其福 甚多
약부유인 어차경중 내지 수지 사구게등 위타인설 기복 심다

앉은 자리에서 부처되기

해설: 경의 이름과 같이 받들어서 지녀야 합니다.

금강은 세상에서 가장 단단하여 무엇이든지 부술 수 있고 아무 것도 섞이지 않아서 청정하며 어둠속에서도 묘한 빛을 가지고 있어서 반야의 의미와 가장 가깝습니다. 금강에 비유된 반야는 일체법이 실체가 없어서 인연 따라 생겼다가 사라지므로 허물지 않아도 비어있는 것을 보는 지혜입니다. 바라밀은 모든 상을 떠난 경지인 실상의 세상을 성취한다는 의미입니다. 종합하면 금강과 같은 반야 지혜로 생사의 속박에서 벗어난 실상의 세상을 이루는 것이지요. 부처님은 이러한 경의 이름과 뜻을 그대로 받들어서 간직할 것을 당부하십니다. 그래서 경의 뜻을 의심하거나 거스르지 않고 받아 들여야 하며 그 뜻을 지녀서 일상에서 그대로 실천하라는 의미입니다. 앞에서도 경이 있는 곳이면 부처님이 계신 탑과 묘와 같다고 했습니다. 이것은 경을 화려하게 포장하여 고이 모시라는 뜻이 아니고 끊임없이 경을 받들어서 예배 공양하고 수지 독송 해설 서사하여 그 뜻을 일상과 함께 실천하라는 뜻이겠지요.

이와 같이 경을 예배 공양하고 수지 독송 해설 서사하는 모든 수행은 반드시 이 경의 이름과 뜻에 부합되게 받들어서 지녀야 합니다. 왜냐하면 부처가 말한 반야바라밀은 현상 세계에서는 말할 수 없는 반야바라밀이기 때문입니다. 그래서 반야바라밀을 얻었다고 하면 또 다른 하나의 망상에 불과하기 때문에 이미 반야바라밀이 아닙니다. 같은 이치로 부처님이 법을 설했으나 말과 글로 표현할 수 없고 이름과 형상이 끊어진 반야 앞에서는 법을 설한 것이 없는 것이 당연하지요. 일체의 형상이 각 자의 모습을 허물지 않아도 이미 비어있으므로 산하대지는 물론 세계와 미진을 말할 수 없고 부처의 삼십이상도 말할 수 없지요. 결국 반야바라밀마저도 말할 수 없습니다.

경이 지니는 공덕이 더욱 깊어져서 이번에는 몸과 목숨을 보시하는 복에 견주어 훌륭함을 증명합니다. 칠보 복보다 더 훌륭한 목숨을 바치는 복이라 하더라도 목숨은 단 한 번밖에 쓸 수 없으므로 많은 사람들에게 이익을 주지 못합니다. 반면에 경을 수지하고 타인에게 해설하는 공덕이 뛰어난 까닭은 모든 상에서 떠나 스스로 무아를 깨달으면 생사가 없는 반야 실상을 볼 수 있을 뿐만 아니라 경의 내용을 수많은 사람들에게 전하여 생사의 윤회에서 벗어날 수 있게 해주기 때문입니다.

반야 실상 공부를 하던 제자가 스승께 여쭈었습니다.

"반야 실상은 얼마나 큰가요?"

스승이 답했습니다.

"반야는 너무 커서 끝이 없을 정도로 크니라."

제자가 궁금해서 다시 물었습니다.

"반야 실상은 작을 수도 있습니까?"

스승이 말했습니다.

"반야는 너무 작아서 눈에 보이지 않을 정도로 작도다."

더 궁금해진 제자는

"먼지처럼 작은 게 반야입니까? 세상보다 큰 게 반야입니까?"

스승이 미소지으며

"그러면 반야가 아닌 것이 어느 것이냐?"

중생은 형상에 익숙하여 반야마저도 크고 작은 것으로 분별하고 집착합니다. 하지만 반야는 큰 것도 아니고 작은 것도 아니며 더 나아가서 중생도 아니고 부처도 아니지요. 그래서 분별하고 집착하는 생각만 멈추면 그 앉은 자리가 곧 반야 실상인 부처입니다.

장면 14: 부처님께서 수보리 존자를 비롯한 청중의 계속되는 의문을 풀어 주시고 반야 실상으로 인도하기 위하여 금강경을 수지 독송 해설 서사하는 공덕의 훌륭함을 거듭 말씀하십니다. 세계를 비롯해서 미진까지 모든 형상이 즉시 반야 실상인 것을 보여주십니다. 마침내 수보리 존자가 이 말씀을 듣고 지난날의 어리석음을 항복받고 생멸이 없는 실상을 보고 환희의 눈물을 흘렸습니다.

수보리: (이때 이 경의 말씀을 듣고 경의 뜻을 깊이 이해하고 감동하여 눈물을 흘리면서 부처님께 말씀 드리기를) 그 어디에도 비교할 수 없이 희유하신 세존이시여! 부처님께서 이와 같이 깊고 깊은 경전의 말씀을 들으니 제가 지금까지 얻은 혜안으로는 일찍이 이와 같은 경을 듣지 못 하였나이다.

(다시 부처님을 우러러 보며) 세존이시여! 만약 다시 어떤 사람이 이 경을 듣고 믿는 마음이 청정하면 곧 실상이 나타날 것입니다. 마땅히 알아야 합니다! 이 사람은 제일 희유한 공덕을 성취하나이다. 세존이시여! 이 실상이라는 것도 즉시 상이 아니므로 여래께서 이름이 실상이라고 말씀 하십니다.

(수보리 존자가 모든 형상이 떠난 자리가 바로 실상인 것을 말씀드리려고)

세존이시여! 제가 지금 이와 같은 경전을 듣고 믿어 이해하여 받아서 지니는 데는 족히 어려움이 없나이다. 만약 다가오는 세상 오백 세 후에 어떤 중생이 이 경을 듣고 믿어서 이해하여 받아 지닌다면 이 사람은 바로 제일 희유하게 됩니다. 왜냐하면 이 사람은 아상 인상 중생상 수자상 네 가지 상이 없기 때문입니다. 이유는 무엇인가요? 아상은 즉시 상이 아니요. 인상 중생상 수자상도 즉시 상이 아니기 때문이옵니다.

왜냐하면 일체 모든 상에서 떠나면 바로 부처라 이름 하기 때문이옵니다.

불: (수보리의 말을 인정하시고 대견해 하시며) 그대 말이 옳고
또 옳다! 만약 다시 어떤 사람이 이 경을 듣고 놀라지 않으며
무서워하지 않고 두렵지 않기만 해도 마땅히 알아라! 이 사람
은 매우 희유하게 되느니라!
(부처의 제일바라밀마저도 버려야 할 상임을 강조하시며) 왜
냐하면 수보리여! 여래가 설한 제일바라밀은 제일바라밀이
아니고 그 이름이 제일바라밀이기 때문이니라.
(많은 사람들이 자신의 이익을 위해서 인욕 형상을 취하는 것
도 경계하시며) 수보리야! 인욕바라밀이라는 것도 여래가 설
하되 인욕바라밀이 아니고 인욕바라밀이라 이름 하느니라.
(인욕바라밀은 분별 집착하는 형상이 없음을 증거를 들어 말
씀하시기를) 인욕이라 말하지 않는 까닭은 수보리여! 내가 옛
날 가리왕에게 몸을 베이고 잘리었는데 내가 그 때에 무아상
무인상 무중생상 무수자상 때문이 었느니라. 왜냐하면 내가
지난 과거에 사지 마디마디가 잘리었을 때 만약에 아상이 있
고 인상 중생상 수자상이 있었다면 반드시 분노하고 원망 하
였을 것이기 때문이니라.
(인욕 형상을 떠난 인욕 행은 한 생에만 그치는 것이 아님을
강조하시며)
수보리여! 또 과거 오백 세를 생각하니 인욕으로 지혜를 실천
하는 신선이 되어 그 세상에서 무아상 무인상 무중생상 무수
자상을 이루었느니라. 이러한 까닭으로 수보리야! 보살은 마
땅히 모든 상을 떠나서 아뇩다라삼먁삼보리 마음을 일으켜
야 하느니라! 마땅히 색에 물러서 마음을 내지 말고 성 향 미
촉 법에 머물러서도 마음을 내지 말아야 하느니라! 반드시 어

디에도 머물지 않는 마음을 내야 하느니라!

(어떤 상이라도 머무는 마음이 있으면 반야 실상을 보지 못할 것을 염려하시며) 만약에 마음이 머묾이 있다면 즉시 머물지 못하게 되느니라. 이러한 까닭으로 부처는 보살의 마음이 마땅히 색에 머물지 말고 보시해야 한다고 말하였느니라!

(보살이 모든 상에 집착이 없음을 재확인하시려고) 수보리여! 보살은 모든 중생의 이익을 위해서 마땅히 이와 같이 보시를 해야 하느니라. 여래가 말한 일체 모든 상은 즉시 상이 아니며 또 일체 중생이라고 말한 것도 곧 중생이라고 할 수 없느니라!

(수보리와 청중의 계속되는 경의 내용에 대한 의문에 단호한 어조로 말씀하시기를) 수보리여! 여래는 참말을 하며 확실한 말을 하며 언제나 같은 말을 하며 속이는 말을 하지 않으며 다른 말을 하지 않느니라. 수보리여! 여래가 증득한 법과 이 법은 실한 것도 없고 허한 것도 없느니라!

(불성은 누구나 똑같이 가지고 있지만 많은 사람들이 깨닫기 어려운 이유를 간단하고 분명한 목소리로) 수보리여! 만약 보살이 마음을 법에 머물러서 보시를 한다면 사람이 어둠속에 있는 것과 같아서 아무 것도 볼 수 없느니라. 만약 보살이 마음을 법에 머물지 않고 보시를 한다면 사람이 보는 눈이 생기는 것과 같아서 햇빛이 밝게 비추어 가지가지 색을 볼 수 있는 것과 같으니라. 수보리여! 다가오는 세상에서 만약 선남자 선여인이 이 경을 능히 받아 지녀서 읽고 외운다면 즉시 여래가 부처의 지혜로 이 사람을 다 알고 다 보아서 모두 헤아릴 수 없고 끝이 없는 공덕을 전부 성취하게 되느니라!

離相寂滅分 第十四

이상적멸분 제십사

爾時 須菩提 聞說是經 深解義趣 涕淚悲泣 而白佛言

이시 수보리 문설시경 심해의취 체루비읍 이백불언

稀有 世尊 佛說 如是甚深經典 我從昔來 所得慧眼 未曾得聞 如是之經

희유 세존 불설 여시심심경전 아종석래 소득혜안 미증득문 여시지경

世尊 若復有人 得聞是經 信心淸淨 卽生實相

세존 약부유인 득문시경 신심청정 즉생실상

當知是人成就第一 稀有功德

당지시인성취제일 희유공덕

世尊 是實相者 卽是非相 是故 如來說名實相

세존 시실상자 즉시비상 시고 여래설명실상

世尊 我今得聞 如是經典 信解受持 不足爲難

세존 아금득문 여시경전 신해수지 부족위난

若當來歲 後五百歲 其有衆生 得聞是經 信解受持 是人 卽爲第一稀有

약당래세 후오백세 기유중생 득문시경 신해수지 시인 즉위제일희유

何以故 此人 無我相人相衆生相壽者相

하이고 차인 무아상인상중생상수자상

所以者何 我相 卽是非相 人相衆生相壽者相 卽是非相

소이자하 아상 즉시비상 인상중생상수자상 즉시비상

何以故 離一切諸相 卽名諸佛

하이고 이일체제상 즉명제불

佛告 須菩提 如是如是 若復有人 得聞是經 不驚 不怖 不畏
불고 수보리 여시여시 약부유인 득문시경 불경 불포 불외
當知是人 甚爲稀有
당지시인 심위희유

何以故 須菩提 如來說 第一波羅蜜 非第一波羅蜜 是名第一波羅蜜
하이고 수보리 여래설 제일바라밀 비제일바라밀 시명제일바라밀

須菩提 忍辱波羅蜜 如來說 非忍辱波羅蜜 是名忍辱波羅蜜
수보리 인욕바라밀 여래설 비인욕바라밀 시명인욕바라밀

何以故 須菩提 如我昔爲歌利王 割截身體
하이고 수보리 여아석위가리왕 할절신체
我於爾時 無我相 無人相 無衆生相 無壽者相
아어이시 무아상 무인상 무중생상 무수자상
何以故 我於往昔節節支解時 若有我相人相衆生相壽者相 應生瞋恨
하이고 아어왕석절절지해시 약유아상인상중생상수자상 응생진한

須菩提 又念過去 於五百世 作忍辱仙人 於爾所世
수보리 우념과거 어오백세 작인욕선인 어이소세
 無我相 無人相 無衆生相 無壽者相
무아상 무인상 무중생상 무수자상

是故 須菩提 菩薩 應離一切相 發阿耨多羅三藐三菩提心
시고 수보리 보살 응리일체상 발아뇩다라삼먁삼보리심

不應住色生心 不應住聲香味觸法生心 應生無所住心
불응주색생심 불응주성향미촉법생신 응생무소주심
若心有住 卽爲非住
약심유주 즉위비주

是故 佛說 菩薩心 不應住色布施
시고 불설 보살심 불응주색보시
須菩提 菩薩 爲利益一切衆生 應如是布施
수보리 보살 위이익일체중생 응여시보시

如來說 一切諸相 卽是非相 又說 一切衆生 卽非衆生
여래설 일체제상 즉시비상 우설 일체중생 즉비중생
須菩提 如來 是眞語者 實語者 如語者 不誑語者 不異語者
수보리 여래 시진어자 실어자 여어자 불광어자 불이어자

須菩提 如來所得法 此法 無實無虛
수보리 여래소득법 차법 무실무허

須菩提 若菩薩 心住於法 而行布施 如人入闇 卽無所見
수보리 약보살 심주어법 이행보시 여인입암 즉무소견

若菩薩 心不住法 而行布施 如人有目 日光明照 見種種色
약보살 심부주법 이행보시 여인유목 일광명조 견종종색

須菩提 當來之世 若有善男子 善女人 能於此經 受持讀誦
수보리 당래지세 약유선남자 선여인 능어차경 수지독송

앉은 자리에서 부처되기

即爲如來 以佛智慧 悉知是人 悉見是人 皆得成就 無量無邊功德
즉위여래 이불지혜 실지시인 실견시인 개득성취 무량무변공덕

해설: 믿는 마음이 청정하면 실상이 나타납니다.

부처님은 앞에서 보살이 무아상 무인상 무중생상 무수자상으로 망심을 항복받고 상에 머물지 않는 보시를 실천할 것을 강조하십니다. 몸의 모습으로는 오고 가는 것이 없는 여래를 볼 수 없으니 모든 상에서 속박이나 장애가 없을 것을 당부하십니다. 수보리 존자가 부처님 말씀을 듣고 우리 몸과 생각뿐만 아니라 모든 형상 하나하나가 전부 부처의 참마음인 것을 보고 지경공덕이 뛰어난 것을 처음 체험합니다. 지금 일체 상이 없는 반야 실상을 보고 기뻐한 나머지 지난날의 어리석음을 슬퍼하며 눈물을 흘립니다.

많은 세월이 흘러서 탐욕과 집착으로 인하여 불법이 사라져도 이 경의 말씀을 듣고 배워서 실천하는 사람은 바로 아상 인상 중생상 수자상이 없으므로 매우 보기 드문 훌륭한 사람이 됩니다. 왜냐하면 이 사람들은 무아를 깨달아서 너와 내가 구별이 없고 모든 상에 집착이 없어서 어떤 흔들림도 없기 때문입니다. 심지어는 아무리 하찮은 사람일지라도 이 경을 듣고 놀라지 않으며 두려워하지만 않아도 역시 매우 희유한 사람이 된다고 하니 지경공덕이 얼마나 뛰어난 것인가를 증명하는 것이지요. 결국 이 문자경을 듣고 믿어서 마음이 청정해지면 바로 모든 일체법이 하나의 평등한 실상으로 나타난다는 것이지요. 마치 금으로 만든 수많은 물건들이 허물어지지 않아도 똑같은 금으로 이루어졌듯이 모든 법이 수없이 많지만 허물지 않아도 모두 실상인 것과 같습니다. 그래서 형상이 없는 청정심으로 보면 모든 법이 실상에 의지하여 수없이 생겼다가 사라지는 것을 반복합니다. 실상은 만물의 본성입니다.

상을 떠난 인욕행이 반야바라밀입니다.

사람들은 몸이 흩어지면 내가 없어진다는 생각으로 항상 몸에 집착하고 오로지 몸을 위해서 살아갑니다. 하지만 몸은 하늘을 오고 가는 구름과 같아서 구름이 없어진다 하더라도 하늘은 그대로인 것처럼 몸은 없어져도 본래 나의 모습인 불성은 그대로입니다. 중생은 자신의 이익을 위해서 보답을 받으려고 고통을 참고 견딥니다. 인욕은 고통을 참고 수행을 견디는 것이 아닙니다. 인욕은 싫어하거나 좋아하는 두 마음이 없는 지혜이지요. 오히려 좋아하고 싫어하는 마음이 평등하여 하나가 됩니다. 이와 같은 장애가 없는 지혜로 자신도 깊이 찾아보면 자취가 없고 참는 인욕마저도 흔적이 없습니다. 그래서 자신의 억울함도 호소할 필요도 없겠지요. 인욕은 거스르지 않는 지혜의 종자가 마음 깊은 곳에 심어져서 참는 생각마저 고요해지는 반야바라밀이 실천되는 곳입니다.

보살은 모든 상을 떠나 발심해야 합니다. 왜냐하면 보살이 한 순간이라도 집착하는 마음으로 보시하면 불성이 가려져서 진여실상을 보지 못하기 때문입니다. 반대로 보살이 형상이 없는 청정한 마음으로 보시하면 불성이 밝아져서 모든 형상이 각 자의 모습을 허물지 않아도 낱낱이 진여실상임을 볼 수 있습니다. 그래서 보살은 오로지 상에 머문 바 없이 모든 중생의 이익을 위해서 보시할 뿐입니다. 앞에서도 보살이 상에 머문 바 없이 행하는 보시가 허공과 같이 헤아릴 수 없는 복덕이 있다고 했습니다.

앉은 자리에서 바로 부처가 됩니다.

실상은 모든 형상이 낱낱이 실체가 없어서 허상임을 알면 볼 수 있습니다. 모든 형상은 허공 같은 실상에서 수없이 생겼다가 사라지는 것을 반복합니다. 그래서 실상은 모든 형상을 없애지 않아도 형상에 집착만 없으면 형상이 곧 실상임을 볼 수 있지요. 마치 얼음이 형상이고

앉은 자리에서 부처되기

물이 실상이라면 얼음을 보면서 얼음을 녹이지 않아도 얼음이 물로 이루어져 있음을 아는 것과 같습니다. 같은 이치로 형상세계인 생로병사도 실상세계인 불생불멸을 한 발짝도 떠나지 않았습니다. 사람들은 이와 같은 경의 말씀이 이해하기 어려워서 믿기에 무척 힘들어 합니다. 하지만 경이 어려운 것이 아니라 형상과 실상이 다른 것으로 따로 있다고 여기는 미혹이 말썽이지요.

여래의 말씀이 깨달은 내용과 똑같지는 않지만 그렇다고 완전히 다른 것도 아닙니다. 다시 말해서 문자로 된 경이 실상반야와 똑같지는 않지만 경을 통해서 실상반야를 볼 수 있으므로 완전히 다르다고 할 수도 없는 것이지요. 그래서 경은 실상반야로 갈 수 있는 뗏목과 같다고 했습니다. 여래는 깨달은 내용을 그대로 말했기에 진실을 말했고 불생불멸을 확실하게 말했으며 진여 불성은 모두에게 같다고 말씀하셨으므로 경의 뜻을 믿고 잘 따라서 실천하면 분명히 부처님과 같은 아뇩다라삼먁삼보리를 성취할 수 있습니다. 일상생활이 바쁘고 힘든 사람도 이와 같이 단 한 순간만이라도 모든 상에서 자유로우면 불성이 밝아져서 삶과 죽음의 고통에서 벗어나 앉은 자리가 부처님처럼 편안하고 즐거운 일상으로 바뀔 것입니다.

도인 세 분이 깊은 산길을 가고 있었습니다. 날이 저물기 전에 산을 넘어야 하기에 부지런히 발길을 재촉하였습니다. 그런데 천둥소리와 같은 울음소리와 함께 호랑이 한 마리가 길을 막고 도인들을 노려보고 있었습니다. 호랑이 모습이 얼마나 무서웠던지 잡혀 먹히기도 전에 혼절해서 이 세상 사람이 아니겠지요. 하지만 도인들은 워낙 도가 높으신 분들이라 무사히 빠져나와 목적지에 도착할 수 있었습니다. 한 도인이 보따리 등짐을 내리면서 궁금해서 두 분에게 물었습니다.

"저는 호랑이를 고양이로 보았는데 두 분께서는 어떤 마음으로 지나치셨습니까?"

두 번째 도인이 말했습니다.

　"호랑이가 있었는가? 나는 아무것도 보지 못했네"

세 번째 도인이 답했습니다.

　"호랑이를 호랑이로 보고 지나갔습니다."

과연 어느 분의 마음이 가장 청정하신가요?

마음이 있고 없음을 분별하고 좋고 나쁨을 집착하면 바로 고통이고 슬픔이 되어 급기야는 극심한 공포로 나타납니다. 무서운 형상을 그대로 보고 어떤 공포의 상도 짓지 않으면 바로 그 마음을 청정하다고 합니다. 결국 형상과 실상을 같이 보는 것이 청정심이지요.

장면 15: 부처님께서 경을 받아 지녀서 해설하는 사람은 부처와 같은 지혜를 성취하고 경이 있는 장소는 부처를 모시는 탑과 법당 같다고 말하십니다. 이와 같이 경의 뜻을 실천하는 공덕이 보물을 보시한 복덕보다 뛰어나고 몸과 목숨을 바치는 보시보다 더 훌륭하다고 반복하여 강조하십니다. 이와 같이 경을 믿고 실천하는 사람들이 여래의 보리를 전부 물려받아 짊어지고 부처를 대신해서 많은 사람들에게 반야의 기쁨을 줄 수 있다고 당부하십니다.

불:　(지경공덕의 훌륭한 점을 낱낱이 밝히시려고 작정한 어조로)
　　수보리야! 만약 어떤 선남자 선여인이 아침나절에 항하의 모래수와 같은 몸을 보시하고 점심나절에 다시 항하의 모래수와 같은 몸으로 보시하며 저녁나절에 또 항하의 모래수와 같은 몸으로 보시해서 이와 같이 무량 백천만 억겁 동안 몸을 보시한다고 해도 만약 다시 어떤 사람이 이 경전을 듣고 믿는 마음이 거역하지만 않는다면 그 복이 몸으로 보시한 복보다

더 훌륭하느니라. 하물며 베껴 쓰고 받아 지녀서 읽고 외워서 다른 사람에게 해설하는 것이라야 말할 수 있겠느냐?

(목소리를 더 높이시며) 수보리야! 요점을 간추려서 말하면 이 경은 불가사의하고 양을 잴 수 없으며 시작과 끝이 없는 공덕이 있느니라. 여래는 대승을 일으킨 자를 위해 말했고 최상승을 일으킨 자를 위해 설하였느니라. 만약 어떤 사람이 이 경을 능히 받아 지녀서 읽고 외워서 널리 많은 사람들을 위해 해설한다면 여래가 이 사람이 양을 잴 수 없으며 끝이 없는 불가사의한 공덕을 모두 이루게 됨을 다 알고 다 보느니라. 이와 같은 사람들은 바로 여래의 아뇩다라삼먁삼보리를 받아 짊어지게 되느니라!

(여래가 대승자와 최상승자를 위해서 말한 까닭을 자세히 설명해 주시려고) 어떠한 까닭으로 그러한가? 수보리야! 만약 작은 법이라도 좋아하는 사람은 아견 인견 중생견 수자견에 집착하여 바로 이 경을 능히 바르게 듣고 받아서 읽고 외우지 못하여 다른 사람에게 해설하지 못하기 때문이니라.

(경이 펼쳐져 그 뜻이 전해지는 장소가 바로 부처가 있음을 다시 확인하시려고) 수보리야! 만약 이 경이 있는 곳곳 마다 모든 세간에 천 인 아수라들이 마땅히 공양하게 되어 반드시 알아야 하느니라! 이 장소가 바로 탑이 있는 곳이 되니 모두 마땅히 공경하게 되어 여러 가지 꽃과 향으로 그곳에 뿌리며 돌면서 예배를 올려야 하느니라!

持經功德分 第十五

지경공덕분 제십오

須菩提 若有善男子 善女人 初日分 以恒河沙 等身布施

수보리 약유선남자 선여인 초일분 이항하사 등신보시

中日分 復以恒河沙 等身布施 後日分 亦以恒河沙 等身布施

중일분 부이항하사 등신보시 후일분 역이항하사 등신보시

如是 無量百千萬億劫 以身布施

여시 무량백천만억겁 이신보시

若復有人 聞此經典 信心不逆 其福勝彼 何況書寫受持讀誦 爲人解說

약부유인 문차경전 신심불역 기복승피 하황서사수지독송 위인해설

須菩提 以要言之 是經 有不可思議 不可稱量 無邊功德

수보리 이요언지 시경 유불가사의 불가칭량 무변공덕

如來 爲發大乘者說 爲發最上乘者說

여래 위발대승자설 위발최상승자설

若有人 能受持讀誦 廣爲人說 如來 悉知是人 悉見是人

약유인 능수지독송 광위인설 여래 실지시인 실견시인

皆得成就 不可量 不可稱 無有邊 不可思議功德

개득성취 불가량 불가칭 무유변 불가사의공덕

如是人等 卽爲荷擔 如來阿耨多羅三藐三菩提

여시인등 즉위하담 여래아뇩다라삼먁삼보리

何以故 須菩提 若樂小法者 着我見人見衆生見壽者見

하이고 수보리 약요소법자 착아견인견중생견수자견

앉은 자리에서 부처되기

卽於此經 不能聽受讀誦 爲人解說
즉어차경 불능청수독송 위인해설

須菩提 在在處處 若有此經 一切世間 天人阿修羅 所應供養
수보리 재재처처 약유차경 일체세간 천인아수라 소응공양
當知此處 卽爲是塔 皆應恭敬 作禮圍繞 以諸華香 而散其處
당지차처 즉위시탑 개응공경 작례위요 이제화향 이산기처

해설: 경을 지니고 해설하는 공덕은 불가사의합니다.

몸을 보시하는 복덕이 훌륭하지만 경을 받아 지녀서 읽고 외워서 해설하는 공덕이 더 훌륭합니다. 재물이나 몸을 바치는 보시는 주고받기 때문에 한 번 사용하면 없어지는 복이라서 아무리 많은 재물과 몸을 보시하여도 경을 수지 독송 해설하는 복덕을 따라 올 수 없습니다. 왜냐하면 경을 실천하는 공덕은 자신뿐만 아니라 모든 사람들을 생사의 속박에서 벗어나게 하는 지혜이기 때문에 정말 놀라운 복입니다. 그래서 재물보시 복덕이나 목숨보시 복덕은 사용하면 없어지거나 생사의 속박에서 벗어나지 못하는 복인데 반해 지경 공덕은 경을 듣고 믿는 마음이 거스르지만 않아도 생사의 속박에서 벗어나는 훌륭한 복이라 하니 놀랍지요.

그런데 이렇게 훌륭한 경을 받아 지니면 어떻게 형상이 없는 반야를 볼 수 있을까요? 이것은 마치 봄에 피는 꽃을 보고 봄소식을 만끽하듯이 문자로 된 경을 보고 반야소식에 흠뻑 젖는 것과 같습니다. 또 봄소식을 즐긴 사람이 혼자만 즐기는 것이 아니라 주변 사람들에게 그대로 알려서 함께 꽃구경을 합니다. 마찬가지로 반야를 체험한 사람은 경을 어깨에 짊어지고 부처님의 말씀을 그대로 남김없이 전부 다른 사람들에게 전하여 주겠지요. 그래서 불법이 사라지는 말법

시대라 하더라도 경을 믿고 수지 독송하는 사람이 있어서 널리 다른 사람에게 경의 뜻을 전파하여 물질에 대한 탐욕이 사라지고 타인을 존중하는 청정한 세상이 됩니다. 하지만 형상에 메여있는 범부나 견해에 집착하는 외도 그리고 열반에만 머무는 소승은 아견 인견 중생견 수자견의 집착에 가려서 반야소식을 보고 들을 수 없습니다. 반야소식을 모르는데 다른 사람을 위해서 경을 해설하는 것은 더욱 불가능하겠지요. 그래서 여래는 모든 중생이 부처가 될 수 있는 믿음을 갖는 대승자를 위해 말하였고 아견 인견 중생견 수자견이 없는 최상승자를 위해 말씀하셨습니다. 그래서 대승자와 최상승자는 능히 여래의 아뇩다라삼먁삼보리를 이어 받아서 짊어지고 부처님을 대신하여 중생을 교화할 수 있는 사람들입니다.

부처님의 말씀인 경전이 있는 곳은 사찰이든 저잣거리이건 장소와 시간을 가리지 않습니다. 경전이 있는 곳이면 어디든지 부처님의 사리를 모신 탑과 같아서 언제든지 한결같은 마음으로 공경하고 꽃과 향으로 정성을 다하여 예배를 올려야 합니다. 하지만 금강경의 뜻이 아무리 훌륭해도 듣는 사람의 마음이 청정하지 않으면 종이와 잉크로 이루어진 한 권의 책에 불과합니다. 사람들은 경 따로 공부하고 일상 따로 생활하기 쉽습니다. 조상에 대한 음복은 제사상의 비싼 음식이나 좋은 묘 자리에서 나오는 것이 아니라 언제나 조상을 기리는 마음에서 스스로 우러나야 합니다. 마찬가지로 경의 공덕 역시 화려한 종이나 좋은 글씨에서 생기는 것이 아니라 항상 경의 뜻을 꾸준히 실천하는 마음에 심어집니다. 그래서 경을 항상 수지 독송 해설 서사하여 경과 생활이 하나가 되어 경의 뜻이 일상에서 그대로 실천되어 몸과 마음에 배어 있어야 경의 영험이 있겠지요.

경을 읽고 배워서 그 뜻을 믿고 실천하는 사람은 분별하는 두 마음이 없으므로 일상의 매 순간마다 하는 일에 최선을 다하며 그 결과에 관계없이 만족합니다. 이 사람은 하는 일이 설사 실패하더라도 원망하거나 후회하지 않습니다. 원망하거나 미워하는 마음이 없으면 언제나 불성이 환하게 밝아져서 원하는 일이 저절로 이루어지겠지요.

장면 16: 금강경을 믿는 사람들이 경을 수지 독송 해설하는 과정에서 실제로 수많은 장애들을 만나게 됩니다. 가까운 가족들로부터 시작해서 주변에서 만나는 사람들에게 업신여김과 비난을 당하는 경우가 많습니다. 또한 경을 믿는 사람이 가난에 허덕이거나 병마에 시달리는 경우가 종종 있게 됩니다. 금강경의 공덕이 칠보와 목숨을 보시한 것보다 훨씬 훌륭한데 이러한 장애들은 왜 생기며 어떻게 대처할 수 있을까요? 부처님은 이러한 장애들 때문에 수행을 중단하거나 믿는 마음을 져버릴까 염려되어 번뇌가 바로 도량이라는 방편을 펼치십니다.

불: (색과 소리에 익숙한 사람들과 만나는 여러 장애와 다툼을 걱정하시며) 다시 이어서 수보리여! 선남자 선여인이 이 경을 받아 지녀서 읽고 외우는 것을 만약 사람들이 가볍고 천하게 여기면 이 사람은 먼저 세상에서 지은 죄의 결과로 마땅히 악도에 떨어질 것이나 지금 세상 사람들이 가볍고 천하게 여긴 까닭으로 먼저 세상에서 지은 죄는 없어지고 마땅히 아뇩다라삼먁삼보리를 성취하게 되느니라.
    (부처가 되기 전에 닦은 수많은 공덕을 지경 공덕과 비교하시며) 내가 무량 아승기겁 과거를 생각하니 연등 부처님께서 오시기 전에 팔백사천만 억 나유타 모든 부처님을 뵙고 모두 공양하고 받들어 한 분도 빠짐없이 섬겼느니라. 만약 다시 어떤 사람이 다가오는 말세에 능히 이 경을 받아 지녀서 읽고 외우는 공덕에 비하면 내가 모든 부처님에게 공양한 공덕은 백분의 일에 미치지 못하고 천만 억분 내지는 셈하는 수의

비유로는 능히 미치지 못하느니라!

(지경 공덕의 뛰어남을 총결하는 진지한 표정으로) 수보리야! 만약 선남자 선여인들이 다가오는 말세에 이 경을 받아 지녀서 읽고 외운 공덕을 자세히 말해주면 간혹 어떤 사람들은 듣고 마음이 즉시 미쳐서 어지러워 여우처럼 의심하여 믿지 않게 되느니라. 수보리여! 마땅히 알아라! 이 경의 뜻이 불가사의하고 결과의 보답 또한 불가사의하느니라!

能淨業障分 第十六

능정업장분 제십육

復次 須菩提 善男子 善女人 受持讀誦此經

부차 수보리 선남자 선여인 수지독송차경

若爲人輕賤 是人 先世罪業 應墮惡道

약위인경천 시인 선세죄업 응타악도

以今世人輕賤故 先世罪業 卽爲消滅 當得阿耨多羅三藐三菩提

이금세인경천고 선세죄업 즉위소멸 당득아뇩다라삼먁삼보리

須菩提 我念過去 無量阿僧祇劫 於燃燈佛前

수보리 아념과거 무량아승기겁 어연등불전

得置 八白四千萬億那由他諸佛 悉皆供養承事 無空過者

득치 팔백사천만억나유타제불 실개공양승사 무공과자

若復有人 於後末世 能受持讀誦此經 所得功德

약부유인 어후말세 능수지독송차경 소득공덕

於我所供養 諸佛功德 百分不及一 千萬億分 乃至 算數譬喻 所不能及

어아소공양 제불공덕 백분불급일 천만억분 내지 산수비유 소불능급

須菩提 若善男子 善女人 於後末世 有受持 讀誦此經 所得功德
수보리 약선남자 선여인 어후말세 유수지 독송차경 소득공덕
我若具說者 惑有人聞 心卽狂亂 狐疑不信
아약구설자 혹유인문 심즉광란 호의불신
須菩提 當知 是經義 不可思議 果報 亦不可思議
수보리 당지 시경의 불가사의 과보 역불가사의

해설: 번뇌가 곧 보살의 도량입니다.

지경 공덕이 훌륭함에도 불구하고 금강경의 뜻을 배우고 지녀서 실천하는 사람들이 가난해 지거나 병마에 시달리고 남들이 가볍고 천하게 여기는 까닭은 무엇이가요? 금강경의 뜻이 보통 사람들의 생각과 정반대이기 때문에 사사건건 비난의 대상이 될 뿐만 아니라 자신이 과거에 저지른 잘못이 경의 가르침으로 인하여 후회와 괴로움으로 나타나기 때문이지요. 하지만 이 사람은 전생에 지은 죄업으로 악도에 떨어질 처지이지만 금강경을 읽음으로써 사람들이 천하게 여기는 과보만 받고 전생에 지은 죄는 소멸합니다. 또한 죄가 없어지는 자리에 불성이 밝아져서 보리가 나타나니 놀라운 일이지요.

　음식이 먹는 대로 몸에 쌓이듯이 말하고 생각하는 것 역시 그대로 마음 깊은 곳에 저장됩니다. 그래서 사람이 귀하고 천한 기준이 신분과 재산 그리고 학식에 있는 것이 아니라 바로 지금 하고 있는 말과 행동에 따라서 좌우됩니다. 천한 신분으로 태어나거나 생활이 궁핍하더라도 말과 생각 그리고 행동이 올바르면 그 습성이 그대로 마음 깊이 저장되어 귀하고 진실한 사람이 되지요. 여러분들은 지금 무엇을 생각하고 말하고 있습니까? 앙굴리 마라는 아흔 아홉 명의 목숨을 해친 살인마인데도 불구하고 부처님의 맑고 깊은 자비로운 말씀에 스스로 어리석은 악업을 뉘우치고 부처님의 제자가 되어 깨달음의 눈을

떴습니다. 남에게 빌린 재물도 미리 갚으면 그만큼 탕감해 주듯이 지은 죄도 빨리 뉘우칠수록 나중에 받을 고통을 절감할 수 있습니다. 나쁜 말과 행동은 강제로 끊거나 없애기 어렵기 때문에 반드시 좋은 업을 많이 쌓아서 대신할 수밖에 없는 것이지요.

사람들은 자신과 몸을 위해서 나쁜 업을 많이 짓게 되어 그 결과 생사를 윤회합니다. 특히 전생의 죄업은 지옥에 떨어지는 혹독한 고통을 낳게 합니다. 그러면 주변 사람들로부터 업신여김을 당하고 지옥에 떨어지는 고통을 피할 수 있는 길은 없을까요? 놀랍게도 그 방법을 부처님께서 간단하게 알려주십니다. 그것은 바로 경을 받아 지녀서 경의 뜻처럼 실천하여 해설하면 그 종자가 그대로 심어져 전생에 지은 죄는 스스로 없어지고 그 자리에 부처님의 보리가 바로 나타난다는 것입니다. 왜냐하면 경을 수지 독송한 지혜는 모든 형상에 집착하는 고통에서 해방시켜 주고 자신을 위해서 채우려는 욕심에서 자유롭게 해주기 때문입니다. 더욱이 자신뿐만 아니라 타인을 위해 경을 해설하는 공덕 역시 사람들의 집착과 욕심의 어리석음에서 벗어나게 해 주니 일석이조가 되겠지요.

세존께서 부처가 되기 전에 헤아릴 수 없는 세월 동안 모든 부처님에게 한 분도 빠짐없이 공양을 올리고 받들어 모신 공덕마저도 보살이 아닌 사람일지라도 능히 이 경을 수지 독송 해설하는 공덕 앞에서는 비교대상이 되지 않습니다. 결국 오랜 세월동안 수많은 부처님께 드린 공양공덕이라 하더라도 한계가 있는 유위의 복이고 지경공덕은 경의 뜻을 그대로 실천하여 불생불멸의 지혜를 무한하게 쓸 수 있는 무위의 복입니다. 그래서 지경공덕은 짧은 시간에 심지어는 한 순간에 보리를 확실하게 이룰 수 있는 기회가 될 수 있어서 그 어느 방편보다 더욱 빠르고 확실하지요. 경과 내가 하나가 되는 것도 따로 특별하게 형상화 되어 있는 것이 아니라 일상에서 너와 나를 구별하는 분별심만 사라지면 나타나는 지극히 자연스러운 체험입니다. 마치 꿈

앉은 자리에서 부처되기

속에서 허덕이다가 꿈에서 깨면 고통이 사라지듯이 경의 뜻을 실천하면 구하려는 고통에서 벗어나서 끝내는 삶과 죽음의 속박마저 사라지게 됩니다. 그래서 이 경의 뜻이 불가사의하고 그 결과의 보답이 불가사의 합니다.

또한 불가사의한 이 경을 통해서 누구든지 지금 바로 부처가 될 수 있다고 하니 얼마나 멋진 일입니까?

장면 17: 수보리와 법회 청중은 부처님의 가르침으로 전생에 지은 죄업뿐만 아니라 지금 일어나고 있는 번뇌마저도 소멸시키는 금강경 공덕이 훌륭하다는 것을 믿는 마음이 절정을 이루었습니다. 하지만 모든 법이 실체가 없어서 허망하다면 보살이 일으켜야 할 발심과 중생이라는 실체도 과연 있는 것인가를 수보리 존자가 부처님께 엎드려 다시 가르침을 주시기를 원하였습니다. 부처님께서 무아를 깨달은 보살은 발심한 것이 실로 없음을 다시 알려주시며 더나가서 여래도 보리를 얻은 것이 없음을 수보리 존자에게 확신을 받습니다.

수보리: (이때 모든 법이 자성이 없으므로 발심도 일으켜야 할 것이 없어야 한다는 의문이 생겨 다시 부처님께 여쭙기를) 세존이시여! 아뇩다라삼먁삼 보리심을 일으킨 선남자 선여인은 마땅히 어디에 머물러야 하고 그 마음을 어떻게 항복 받을 수 있겠습니까?

불: (보살은 머물러야 하는 마음과 항복받아야 하는 마음이 따로 없어야 하는 것을 강하게 권고하시는 어조로) 아뇩다라삼먁삼보리를 일으킨 선남자 선여인은 마땅히 이와 같이 마음을 내야 하느니라. 내가 마땅히 일체 중생을 멸도하여 모든 중

생이 멸도 되었으나 실제로 멸도된 중생은 한 중생도 없느니라! 왜냐하면 수보리야! 만약 보살이 아상 인상 중생상 수자상이 있으면 즉시 보살이 아니기 때문이니라. 그 이유는 무엇인가? 수보리야! 아뇩다라삼먁삼보리라는 것을 일으킨 법은 실로 없기 때문이니라.

(진실로 아뇩다라삼먁삼보리심을 일으킨 법이 없다면 부처는 어떻게 아뇩다라삼먁삼보리를 이루었나를 수보리 존자의 의중을 물어 보시며) 수보리여! 그대의 뜻은 어떠한가? 여래가 연등부처님 처소에서 법이 있어서 아뇩다라삼먁삼보리를 얻었겠느냐?

수보리: (부처님의 물음에 망설이지 않고 바로 답변하기를) 아닙니다. 세존이시여! 제가 부처님의 뜻을 이해하기로는 부처님께서 연등부처님 계신 곳에서 법이 있어서 아뇩다라삼먁삼보리를 얻은 것이 없나이다.

불:　　(부처의 뜻을 아는 수보리의 대답에 만족하시며) 그대가 한 말이 옳고 또 옳다. 수보리여! 여래가 아뇩다라삼먁삼보리를 얻은 법은 실로 없느니라!
　　　(얻은 법이 없음을 증명하시며) 수보리여! 만약 여래가 법이 있어서 아뇩다라삼먁삼보리를 얻었다면 연등부처님께서 즉시 너는 내세에 반드시 부처가 되어 호를 석가모니라고 수기를 주지 않았을 것이니라. 실로 아뇩다라삼먁삼보리를 얻은 법이 없는 까닭으로 연등부처님께서 나에게 수기를 주시면서 말씀하시기를 너는 내세에 반드시 부처가 되어 호를 석가모니라고 말씀하셨느니라.
　　　(사람들이 아뇩다라삼먁삼보리를 얻은 것이 없다면 부처도

없을 거라고 여길 것을 염려하시며) 얻은 것이 없는 까닭은 여래라는 것은 바로 모든 법이 같다는 뜻이기 때문이니라! 만약 어떤 사람이 여래가 아뇩다라삼먁삼보리를 얻었다고 말한다면 수보리야! 부처는 아뇩다라삼먁삼보리를 얻은 법이 진실로 없느니라! 수보리여! 여래가 얻은 아뇩다라삼먁삼보리는 그 말속에는 실한 것도 없고 허한 것도 없느니라.

이러한 까닭으로 여래는 일체법이 다 불법이라고 말하느니라. 수보리야! 말한바 일체법이라는 것도 즉시 일체법이 아니므로 일체법이라고 이름하느니라!

(법회청중의 이해를 돕기 위해서 예를 드시며) 수보리여! 사람의 몸이 장대한 것에 비유해 보자.

수보리: (부처님의 비유하시는 뜻을 바로 알고 말하기를) 세존이시여! 여래께서 말씀하신 사람의 장대한 몸은 바로 큰 몸이 아니요. 큰 몸이라 이름하나이다.

불: (단호하게 결론을 내리시면서) 수보리여! 보살 또한 이와 같아서 만약 내가 무량 중생을 멸도 했다고 말한다면 즉시 보살이라 말하지 않느니라. 왜냐하면 수보리여! 보살이라 이름할 법이 실로 없기 때문이니라. 이러한 까닭으로 부처가 말한 모든 법이 무아 무인 무중생 무수자인 것이니라. 수보리여! 만약 보살이 내가 불토를 장엄한다고 말한다면 이것도 보살이라 이름할 수 없느니라. 왜냐하면 여래가 말한 장엄 불토라는 것도 즉시 장엄이 아니고 장엄이라고 이름 하기 때문이니라.

수보리야! 여래는 만약 보살이 무아법을 통달한다면 이를 진실한 보살이라 말하느니라!

究竟無我分 第十七
구경무아분 제십칠
爾時 須菩提 白佛言 世尊 善男子 善女人 發阿耨多羅三藐三菩提心
이시 수보리 백불언 세존 선남자 선여인 발아뇩다라삼먁삼보리심
云何應住 云何降伏其心
운하응주 운하항복기심

佛告 須菩提 善男子 善女人 發阿耨多羅三藐三菩提者
불고 수보리 선남자 선여인 발아뇩다라삼먁삼보리자
當生如是心 我應滅度一切衆生 滅度一切衆生已
당생여시심 아응멸도일체중생 멸도일체중생이
而無有一衆生 實滅度者
이무유일중생 실멸도자
何以故 須菩提 若菩薩 有我相人相衆生相壽者相 卽非菩薩
하이고 수보리 약보살 유아상인상중생상수자상 즉비보살

所以者何 須菩提 實無有法 發阿耨多羅三藐三菩提者
소이자하 수보리 실무유법 발아뇩다라삼먁삼보리자

須菩提 於意云何 如來 於燃燈佛所 有法 得阿耨多羅三藐三菩提不
수보리 어의운하 여래 어연등불소 유법 득아뇩다라삼먁삼보리부
不也 世尊 如我解佛所說義 佛於燃燈佛所
불야 세존 여아해불소설의 불어연등불소
無有法 得阿耨多羅三藐三菩提
무유법 득아뇩다라삼먁삼보리

佛言 如是如是 須菩提 實無有法 如來 得阿耨多羅三藐三菩提
불언 여시여시 수보리 실무유법 여래 득아뇩다라삼먁삼보리

須菩提 若有法 如來 得阿耨多羅三藐三菩提者 練燈佛 卽不與我授記
수보리 약유법 여래 득아뇩다라삼먁삼보리자 연등불 즉불여아수기
汝於來世 當得作佛 號釋迦牟尼 以實無有法 得阿耨多羅三藐三菩提
여어내세 당득작불 호석가모니 이실무유법 득아뇩다라삼먁삼보리
是故 練燈佛 與我授記 作是言 汝於來世 當得作佛 號釋迦牟尼
시고 연등불 여아수기 작시언 여어내세 당득작불 호석가모니

何以故 如來者 卽諸法如義
하이고 여래자 즉제법여의
若有人言 如來 得阿耨多羅三藐三菩提
약유인언 여래 득아뇩다라삼먁삼보리
須菩提 實無有法 佛 得阿耨多羅三藐三菩提
수보리 실무유법 불 득아뇩다라삼먁삼보리

須菩提 如來所得 阿耨多羅三藐三菩提 於是中 無實無虛
수보리 여래소득 아뇩다라삼먁삼보리 어시중 무실무허
是故 如來說 一切法 皆是佛法
시고 여래설 일체법 개시불법
須菩提 所言 一切法者 卽非一切法 是故 名一切法
수보리 소언 일체법자 즉비일체법 시고 명일체법

須菩提 譬如人身長大
수보리 비여인신장대

78

須菩提言 世尊 如來說 人身長大 即爲非大身 是名大身
수보리언 세존 여래설 인신장대 즉위비대신 시명대신

須菩提 菩薩 易如是 若作是言 我當滅度 無量衆生 即不名菩薩
수보리 보살 역여시 약작시언 아당멸도 무량중생 즉불명보살
何以故 須菩提 實無有法 名爲菩薩
하이고 수보리 실무유법 명위보살

是故 佛說 一切法 無我無人無衆生無壽者
시고 불설 일체법 무아무인무중생무수자

須菩提 若菩薩 作是言 我當莊嚴佛土 是不名菩薩
수보리 약보살 작시언 아당장엄불토 시불명보살
何以故 如來說 莊嚴佛土者 即非莊嚴 是名莊嚴
하이고 여래설 장엄불토자 즉비장엄 시명장엄

須菩提 若菩薩 通達無我法者 如來說名 眞是菩薩
수보리 약보살 통달무아법자 여래설명 진시보살

해설: 무아를 통달해야 진실한 보살입니다.

보살은 머물러야 하는 마음과 항복받아야 하는 마음이 따로 있는 것이 아닙니다. 보살이 중생 제도에 원을 세웠지만 중생을 생각하고 제도한다는 생각을 가지면 그 순간 아상 인상 중생상 수자상으로 즉시 보살이 아니지요. 그래서 보살은 중생을 제도했다는 생각이 전혀 없이 중생을 제도해야 합니다. 마치 밝음이 오면 어둠은 간 곳 없이 사라지는 것과 마찬가지로 중생을 제도해야 합니다. 그래서 보살은 발

심조차도 일으킨 마음 없이 발심해야 진실한 보살이라고 합니다.

보리는 마치 돌 속에 있는 금과 같아서 돌만 녹이면 본래 있는 금이 보이듯이 망심만 항복받으면 보리가 저절로 나타나기 때문에 망심과 보리가 따로 있는 것이 아니지요. 다시 말해서 망심과 보리가 같이 있어서 망심은 버리고 보리는 얻는 것이 아닙니다. 그래서 부처님이 보리를 연등부처님으로부터 받고 얻은 것이 아니고 스스로 번뇌가 다하여 사라진 자리에 보리가 나타난 것뿐입니다. 보리는 깨닫기 전에도 그 자리에 있어서 잃은 것이 아니며 깨달은 후에도 본래 자리에 있어서 새로 얻은 것이 아니지요. 그래서 부처님은 보리를 얻었다는 생각이 없었고 부처가 된다는 생각조차 없었습니다.

여래는 모든 법에 집착이 없기 때문에 법을 허물지 않아도 모든 법이 곧 그대로 같은 뜻이라는 제법 여의입니다. 제법 여의는 말 그대로 세상 모든 것이 평등해서 분별이 없으므로 여래 아닌 것이 없다는 것이지요. 그래서 여래는 어느 것도 얻을 필요가 없습니다. 이와 같이 여래의 보리는 얻은 것이 없어서 확실하게 있는 것이 아니지만 중생에게 깨달음을 주기 때문에 없는 것도 아닙니다. 여래가 설한 모든 법은 전부 불법이지만 생각으로 얻을 수 있는 불법이 아니므로 오히려 생각을 멈추면 진실된 불법인 여래 법신을 볼 수 있습니다. 여래 법신을 사람의 큰 몸에 비유하더라도 법신은 형상이 없으므로 사람의 몸처럼 크고 작다고 할 수 없습니다. 이와 같이 법신은 우주에 가득해서 중생이 아무리 법신을 벗어나려고 해도 이미 부처님의 손바닥 안에 있습니다. 같은 이치로 중생은 언제나 법신 품에서 살고 있으면서 생각으로 분별하기 때문에 법신을 보지 못할 뿐입니다.

보살이 중생을 제도하고 불토를 장엄한다는 상을 취하면 집착으로 인하여 즉시 보살이라 할 수 없습니다. 왜냐하면 부처가 보리를 얻은 법이 없듯이 보살도 중생을 제도하고 불토를 장엄하는 것이 따로 있는 것이 아니기 때문입니다. 중생이 고통 받고 있는 현실과 생사의 고통이 없는 불토가 따로 있는 것이 아닙니다. 마치 물을 떠나서 얼음이 물과 따로 있는 것이 아닌 것과 같은 이치이지요. 그래서 보살이 하루 종일 중생을 제도하고 불토를 장엄했지만 제도하고 장엄한다는 생각조차 없어야 진실한 중생 제도가 되고 불토장엄이 되는 것이지요. 부처님도 일생 동안 법을 설했지만 한 마디도 말씀하신 것이 없으니 이것이 진실한 설법입니다.

중생은 아무리 많은 선행을 실천한다 하더라도 보답을 얻으려는 집착으로 진실한 선행이라 할 수 없습니다. 얻는 것은 지키려고 힘들며 잃어 버려서 더 어렵습니다. 반면에 보살은 헤아릴 수 없이 많은 선행을 실천하였지만 선행의 보답을 얻으려는 집착이 없습니다. 마치 햇빛과 물이 만물에 생명을 주고 이익을 주지만 아무런 결과를 바라지 않아서 그르치는 일이 없는 것과 같습니다. 보살이 만덕을 행하고 결과를 바라는 내가 없음을 막힘없이 훤하게 알았을 때 여래는 이 사람을 진실한 보살이라고 합니다. 그래서 보살은 수많은 중생을 제도하고 불토를 장엄 하였으나 중생을 제도하고 불토를 장엄한다는 번뇌마저 전부 사라졌습니다. 보살의 만행이 빈자리를 모르는 허공과 같아서 그저 중생에게 이익을 줄 뿐입니다. 중생들도 얻으려는 집착에서 벗어나 열심히 노력하면 안 되는 일이 없겠지요.

꿈에서 깨어난 사람은 꿈에서 있었던 일들은 오고 간 곳이 없고 꿈에서 깬 한 사람만이 있을 뿐입니다. 마찬가지로 깨달은 이에게는 깨닫기 전에 있었던 일들은 전부 사라지고 오직 본래 모습인 불성만이 있을 뿐이지요. 꿈속에서 있었던 일들이 전부 사라졌듯이 반야에는 보살이 발심한 것도 없고 부처가 보리를 얻은 것도 없으며 보살이라 하고 부처라 할 것도 없습니다.

장면 18: 사람들이 보살은 발심한 것이 진실로 없고 부처님도 보리를 얻으신 것이 진실로 없다는 말씀을 듣고 그렇다면 부처님은 아무것도 보시지 않고 하시는 일이 없는 것인가? 하고 당황스러워 합니다. 하지만 부처님은 이미 불안을 갖추시고 중생들의 마음을 다 보고 아시기에 부처의 다섯 가지 눈과 부처가 보는 세계를 차례대로 수보리 존자에게 물어보시며 확인하십니다.

불: (중생의 육안은 부모로부터 받은 몸으로 수명이 있지만 여래의 육안은 수명이 없는 법신임을 확인하시려고 묻기를) 수보리여! 그대의 뜻은 어떠한가? 여래에게 육안이 있겠느냐?

수보리: (여래의 육안이 중생의 육안과 이름은 같지만 이미 불안을 갖추셨음을 알고 답하기를) 그렇습니다. 세존이시여! 여래는 육안이 있습니다.

불: (천인의 천안은 너와 내가 구별이 있지만 여래의 천안은 너와 내가 하나 임을 확인하시려고 묻기를) 수보리여! 그대의 뜻은 어떠한가? 여래에게 천안이 있겠느냐?

수보리: (여래의 천안이 천인의 천안과 이름은 같지만 이미 불안을 갖추셨음을 알고 답하기를) 있습니다. 세존이시여! 여래는 천안이 있습니다.

불: (소승의 혜안은 열반에만 머물려고 하지만 여래의 혜안은 생사에도 열반에도 머물지 않음을 확인하시려고 묻기를) 수보리여! 그대의 뜻은 어떠한 가? 여래에게 혜안이 있겠느냐?

수보리: (여래의 혜안이 소승의 혜안과 이름은 같지만 이미 불안을 갖
추셨음을 알고 답하기를) 맞습니다. 세존이시여! 여래는 혜안
이 있습니다.

불: (보살의 법안은 작은 장애가 있지만 여래의 법안은 전혀 장애
가 없음을 확인하시려고 묻기를) 수보리여! 그대의 뜻은 어떠
한가? 여래에게 법안이 있겠느냐?

수보리: (여래의 법안이 보살의 법안과 이름은 같지만 이미 불안을 갖
추셨음을 알고 답하기를) 그렇습니다. 세존이시여! 여래는 법
안이 있습니다.

불: (중생의 온갖 마음을 보시고 아는 불안으로 청중을 남김없이
바라보시며) 수보리여! 그대의 뜻은 어떠한가? 여래에게 불
안이 있겠느냐?

수보리: (여래의 육안 천안 혜안 법안이 전부 불안임을 확신하며) 맞
습니다. 세존이시여! 여래께서는 불안이 있습니다.

불: (항하의 끝없이 펼쳐져 있는 모래를 보이시며) 수보리여! 그
대의 뜻은 어떠한가? 항하의 모래가 있는데 부처가 이 모래
를 말하였느냐?

수보리: (앞에서 부처님이 말씀하신 항하의 모래 기억하며) 그렇습니
다. 세존이시여! 여래께서는 모래를 말씀하셨습니다.

불: (불세계가 끝이 없음을 보여주시려고) 수보리여! 그대의 뜻은

앉은 자리에서 부처되기

어떠한가? 하나의 항하에 있는 모래 수와 같은 항하가 있고 이 모든 항하의 모래 수와 같은 불세계가 있다면 이것은 얼마나 많겠느냐?

수보리: (부처님의 비유에 놀라운 표정으로) 매우 많습니다. 세존이시여!

불: (불안으로 온갖 중생의 마음을 다 알고 있음을 말씀하시려고) 그 많은 국토에 있는 중생의 갖가지 마음들을 여래는 다 알고 있느니라. 왜냐하면 여래가 말한 모든 마음이라는 것도 모두 마음이 아니고 이름이 마음뿐이기 때문이니라. 이유는 무엇인가? 과거의 마음은 얻지 못하고 현재의 마음도 얻지 못하며 미래의 마음도 얻을 수 없기 때문이니라!

一體同觀分 第十八
일체동관분 제십팔
須菩提 於意云何 如來 有肉眼不 如是 世尊 如來 有肉眼
수보리 어의운하 여래 유육안부 여시 세존 여래 유육안
須菩提 於意云何 如來 有天眼不 如是 世尊 如來 有天眼
수보리 어의운하 여래 유천안부 여시 세존 여래 유천안
須菩提 於意云何 如來 有慧眼不 如是 世尊 如來 有慧眼
수보리 어의운하 여래 유혜안부 여시 세존 여래 유혜안
須菩提 於意云何 如來 有法眼不 如是 世尊 如來 有法眼
수보리 어의운하 여래 유법안부 여시 세존 여래 유법안
須菩提 於意云何 如來 有佛眼不 如是 世尊 如來 有佛眼
수보리 어의운하 여래 유불안부 여시 세존 여래 유불안

須菩提 於意云何 如恒河中 所有沙 佛說 是沙不
수보리 어의운하 여항하중 소유사 불설 시사부
如是 世尊 如來說 是沙
여시 세존 여래설 시사

須菩提 於意云何 如一恒河中所有沙 有如是沙等恒河
수보리 어의운하 여일항하중소유사 유여시사등항하
是諸恒河 所有沙數 佛世界 如是 寧爲多不 甚多 世尊
시제항하 소유사수 불세계 여시 영위다부 심다 세존

佛告 須菩提 爾所國土中 所有衆生 若干種心 如來悉知
불고 수보리 이소국토중 소유중생 약간종심 여래실지
何以故 如來說 諸心 皆爲非心 是名爲心
하이고 여래설 제심 개위비심 시명위심
所以者何 須菩提 過去心 不可得 現在心 不可得 未來心 不可得
소이자하 수보리 과거심 불가득 현재심 불가득 미래심 불가득

해설: 형상과 실상을 같이 봅니다.

부처님이 갖추신 육안, 천안, 혜안, 법안은 이미 불안을 갖추셨기 때
문에 중생의 육안, 천인의 천안, 소승의 혜안, 보살의 법안과 이름은
같지만 그 지혜의 깊이가 다르겠지요. 부처의 육안이 중생의 육안과
이름은 같지만 중생의 육안은 부모로부터 받은 몸의 일부분으로 수명
이 있는 반면에 부처의 육안은 삶과 죽음이 없는 불생불멸이므로 수
명이 없는 법신입니다. 부처의 천안이 천인의 천안과 이름은 같지만
천인의 천안은 나와 너를 구별하는 반면에 부처의 천안은 너와 내가
구별이 없는 평등함을 보십니다. 부처의 혜안이 소승의 혜안과 이름

은 같지만 소승의 혜안은 오로지 열반에만 머물려고 하는 반면에 부처의 혜안은 생사와 열반 그 어느 곳에도 머물지 않아서 생사와 열반을 평등하게 보십니다. 부처의 법안이 보살의 법안과 이름은 같지만 보살의 법안은 지혜를 닦는다는 작은 장애가 있는 반면에 부처의 법안은 어떠한 장애도 없는 원만한 지혜를 가지고 있습니다. 이와 같이 부처님은 불성의 세계를 남김없이 볼 수 있는 불안을 이미 갖추고 계시기 때문에 육안, 천안, 혜안, 법안이 전부 다 불안입니다.

육안을 말하면서 중생과 부처가 평등하다는 것을 밝혔고 천안을 말하면서 천인과 부처가 다르지 않다고 하십니다. 혜안을 말하면서 소승의 작은 성인과 부처의 큰 성인이 평등하다는 것을 밝혔고 법안을 말하면서 보살 지혜를 원인으로 부처 지혜가 결과로 나왔으니 원인과 결과가 평등해서 다르지 않다고 하십니다. 불안을 말하면서 모든 부처가 다르지 않고 모든 법을 보는 지혜가 서로 같다고 하십니다. 부처가 범부와 같이 하고 성인과 같이 해도 실상 반야는 평등해서 범부라고 해서 낮고 부처라고 해서 높은 것이 아니지요. 결국 불안으로 보면 부처도 없고 성인도 없으며 범부도 없습니다.

대상은 마음이 보는 그림자입니다. 중생은 대상이 자신 마음의 그림자인 줄 모르고 따로 있는 것으로 여겨서 그림자에 집착하여 쫓아가기도 하고 그림자에 놀라서 도망치기도 합니다. 하지만 대상이 좋거나 나쁜 것이 아니라 그 대상을 보는 마음이 좋고 나쁜 분별심으로 오염되어 있을 뿐이지요. 또한 대상은 보고 느끼는 마음이 움직여서 나타나는 형상이기 때문에 생각하는 만큼 볼 수 있습니다. 같은 비를 보고 농부는 풍년의 꿈을 꾸며 어부는 출항을 포기하여 하늘을 원망합니다. 세계라는 것도 마음이 움직여서 만든 세계에 불과하므로 한 마음이 보는 세계가 사라진다 해도 세계는 변함이 없습니다. 사람들의 마음이 보는 세계가 백사장의 모래 수만큼 많은 삼천대천세계라 하더라도 마음이 움직여서 생긴 형상일 뿐입니다. 그래서 세계는 늘어나지도 않고 줄어들지도 않았습니다.

　마음은 본래 밝은 불성 한 마음뿐입니다. 불성은 일할 때나 잠 잘 때나 밥 먹을 때나 가리지 않고 항상 같이 있습니다. 그런데 사람들은 자신의 몸을 위해서 집착하고 물질을 소유하려고 집착하는 번뇌로 불성을 어둡게 만들었습니다. 이와 같이 중생은 집착하는 마음으로 불성이 오염되어서 생사를 윤회하지만 부처는 불안으로 모든 형상 하나하나 전부 실상임을 보고 형상과 실상을 분별없이 평등하게 보시기 때문에 생사에 자유자재합니다. 그래서 법회가 시작되기 전에 이미 생로병사가 불생불멸임을 스스로 보이셨습니다. 부처는 불안으로 형상과 실상 일체를 같이 보십니다.

　마음은 일어났다가 사라지는 파도와 같아서 마음이라 할 것이 없고 이름이 마음일 뿐입니다. 왜냐하면 형상은 이와 같이 수많은 마음이 생겼다 사라지는 물거품과 그림자와 같이 허망한 것이기 때문입니다. 시간이라는 대상 역시 과거는 지나갔기에 잡을 수 없고 현재는 번개와 같아서 취할 수 없으며 미래는 아직 오지 않아서 얻을 수 없습니다. 그래서 과거 현재 미래 역시 있는 것도 아니고 없는 것도 아니기에 좋아서 흥분하거나 싫어서 원망하지 않는 평등심으로 보아야 합니다. 불성은 높고 낮은 지위가 없고 과거 현재 그리고 미래라는 시간도 없습니다.

　장면 19: 법회 청중은 모든 마음이 생겼다가 사라져서 과거 현재 미래의 마음을 얻을 수 없다면 사람들이 짓는 복덕은 얻을 수 있는 것인지 무척 궁금해 합니다. 또한 보살이 중생을 제도한 바가 없으며 불토를 장엄한 것도 없다하니 과연 보살이 짓는 복덕은 허망한 것인지 의문을 갖습니다. 부처님께서 이러한 중생의 마음을 다 아시고 어떤 마음으로 복덕을 대하여야만 진실한 복덕인가를 설명해 주십니다.

불: (분별하고 집착하는 마음이 없는 지혜로 많은 복을 이룰 수 있음을 알려주시려고) 수보리여! 그대의 뜻 어떠한가? 만약 어떤 사람이 삼천대천세계에 가득 찬 칠보로널리 베푼다면 이 사람은 이러한 인연으로 얻은 복이 많겠느냐?

수보리: (보답을 바라지 않는 보시가 훌륭하다는 부처님의 뜻에 장단 맞추며) 그렇습니다. 세존이시여! 이 사람은 이러한 인연으로 얻은 복이 매우 많다고 할 수 있습니다.

불: (집착이 없는 지혜만이 진실로 많은 복덕이라고 거듭해서 힘 주어 말씀하시기를) 수보리여! 만약 복덕이 실다운 것이 있다면 여래는 복덕이 많다고 말하지 않느니라! 복덕이 없는 까닭으로 여래는 복덕이 많다고 하느니라!

法界通化分 第十九
법계통화분 제십구
須菩提 於意云何 若有人 滿三千大天世界 七寶 以用布施
수보리 어의운하 약유인 만삼천대천세계 칠보 이용보시
是人 以是因緣 得福多不 如是 世尊 此人 以是因緣 得福 甚多
시인 이시인연 득복다부 여시 세존 차인 이시인연 득복 심다

須菩提 若福德 有實 如來不說 得福德多
수보리 약복덕 유실 여래불설 득복덕다
以福德無故 如來說 得福德多
이복덕무고 여래설 득복덕다

해설: 집착없는 지혜는 온 세상을 밝게 합니다.

중생의 마음은 오로지 좋은 것을 구하고 끊임없이 채우려는 생각으로 하루도 편할 날이 없습니다. 보는 마음에서 나온 형상도 실체가 없어서 진실성이 없습니다. 중생은 형상이 자신 마음의 그림자인줄 모르고 형상에 속고 생각에 속아서 형상이 사라지면 고통에 빠지고 말지요. 마찬가지로 복덕도 많이 얻을수록 풍족해져 좋지만 집착하는 순간 많이 가지려고 애쓰고 사용하면 없어져서 지키기 어렵습니다. 또한 집착하는 복덕은 베풀었다는 생각으로 보답을 바라기 때문에 허공을 향해 쏘아 올린 화살과 같고 물이 새는 바가지와 같습니다. 결국 힘이 다한 화살은 땅에 떨어지고 새는 물은 말라 없어지듯이 얻으려는 복덕은 결국 전부 없어지겠지요.

반면에 집착이 없는 복덕은 같은 복덕이라 하더라도 형상을 취하지 않으며 결과를 바라지 않기 때문에 그 복덕이 뛰어나지요. 마치 땅에 준 거름이 과일나무에 좋은 열매를 맺게 했지만 거름은 과일에 집착이 없습니다. 같은 이치로 결과에 집착 없는 복덕은 만 가지 덕으로 만 가지 지혜의 열매가 열리는 것과 같습니다. 거름이 열매로 돌아갔듯이 복덕도 다른 사람을 위해서 사용했으니 결과를 바라지 않는 지혜가 심어졌습니다. 이와 같이 생겼다가 사라지는 복덕이 사용해도 없어지지 않는 지혜로 바뀌었으니 신기하고 멋진 일이지요. 그래서 형상에 집착하는 보시는 복이 다하면 없어지므로 여래는 복덕이 많다고 하지 않습니다. 반면에 형상에 집착 없이 행하는 보시는 복덕을 필요한 사람에게 돌리는 지혜의 열매로 바뀌어서 지혜는 사용해도 없어지지 않으므로 여래는 복덕이 많다고 하시지요.

복만 지을 줄 알고 지혜를 닦지 못하면 코끼리 몸에 칠보를 가득 장식한 것과 같고 반대로 오직 지혜만을 닦고 복을 짓지 않는다면 가난한 아라한이라고 했습니다. 그래서 보살은 지혜와 복덕을 동시에 닦아서 복덕을 짓되 복덕을 탐하거나 집착하지 않습니다. 마치 산이 산이라는 생각이 없고 바다가 바다라는 생각이 없듯이 지혜로운 사람은 복덕도 내 것이라는 생각이 없습니다. 모든 이들의 이익을 위해서 공경하며 복덕을 보시하면 그 복덕이 지혜로 바뀌어 온 세상을 밝게 해 줍니다. 해와 달은 나무와 꽃 그리고 열매에 생각이 없지만 해와 달의 도움으로 나무에 꽃은 피고 지고 싱싱한 열매를 맺는 것과 같습니다. 이와 같이 결과를 바라지 않고 집착이 없는 복덕은 바로 부처님의 근본 지혜입니다.

일상이 바로 천상이요 극락입니다.

장면 20: 수보리 존자는 앞에서 부처님 말씀을 듣고 믿어서 모든 형상은 실체가 없으므로 부처의 잘 갖추어진 몸 모습이나 삼십이상으로는 여래 법신을 볼 수 없는 것을 알고 있습니다. 하지만 대중들은 형상세계에만 익숙하여 부처님의 잘 갖추어진 몸의 모습으로 여래 법신을 당연히 볼 수 있을 것이라고 추측하고 기대하고 있습니다. 그래서 부처님께서 수보리 존자와 대화를 통해서 여래의 진실상을 다시 대중에게 보여주십니다.

불:　　(수보리 존자의 마음이 부처의 잘 갖추어진 몸 모습에 집착하고 있는지 없는지를 시험해 보시려고 묻기를) 수보리여! 그대의 뜻은 어떠한가? 잘 갖추어진 색신으로 부처를 볼 수 있겠느냐?

수보리: (잘 갖추어진 몸 모습을 혜안으로 보면 여래가 아님을 확신하고 답하기를) 아닙니다, 세존이시여! 여래는 마땅히 잘 갖추어진 색신으로 볼 수 없습니다. 여래를 볼 수 없는 까닭은 여래께서 말씀하신 잘 갖추어진 색신은 즉시 잘 갖추어진 색신

이 아니고 잘 갖추어진 색신이라 이름 할 수 있기 때문입니다.

불: (수보리 존자의 마음이 부처의 잘 갖추어진 모든 상에도 집착
이 있는지 없는지 살펴보시려고) 수보리여! 그대의 뜻은 어떠
한가? 여래를 잘 갖추어진 모든 상으로 볼 수 있겠느냐?

수보리: (잘 갖추어진 모든 상 역시 혜안으로 보면 여래가 아님을 즉
시 알아서 답하기를) 아닙니다, 세존이시여! 잘 갖추어진 모
든 상으로도 마땅히 여래를 볼 수 없습니다. 여래를 볼 수 없
는 까닭은 여래께서 말씀하신 모든 상이 잘 갖추어진 것은 즉
시 잘 갖추어진 것이 아니고 모든 상이 잘 갖추어졌다고 이름
할 뿐이기 때문입니다.

離色離相分 第二十
이색이상분 제이십
須菩提 於意云何 佛 可以具足色身 見不
수보리 어의운하 불 가이구족색신 견부
不也 世尊 如來 不應以具足色身 見
불야 세존 여래 불응이구족색신 견
何以故 如來說 具足色身 卽非具足色身 是名具足色身
하이고 여래설 구족색신 즉비구족색신 시명구족색신

須菩提 於意云何 如來 可以具足諸相 見不
수보리 어의운하 여래 가이구족제상 견부
不也 世尊 如來 不應以具足諸相 見
불야 세존 여래 불응이구족제상 견

何以故 如來說 諸相具足 卽非具足 是名諸相具足

하이고 여래설 제상구족 즉비구족 시명제상구족

해설: 색과 상에 분별이 없으면 여래입니다.

중생은 모든 것을 있고 없는 것으로 분별하는 육안으로 보기 때문에 여래의 진실상을 볼 수 없습니다. 왜냐하면 여래는 눈으로 볼 수 없고 귀로도 들을 수 없는 법신이기 때문입니다. 물에 비추어진 달이 무수히 나타났다가 물이 없어지면 사라지듯이 형상은 수많은 인연으로 생겼다가 흩어집니다. 같은 이치로 중생이 일으키는 생각 역시 생겼다가 사라지는 파도와 같아서 고통의 바다를 윤회하게 됩니다. 왜냐하면 생각이 주인이 되어서 오로지 몸에 좋은 것에만 매달리고 좇아가기 때문에 삶과 죽음이 없는 나의 본래 모습인 여래를 볼 수 있는 여유가 없기 때문이지요.

보살은 있고 없는 것에 분별이 없는 평등한 혜안으로 보기 때문에 잘 갖추어진 몸 모습이 여래가 아닌 것을 볼 수 있습니다. 부처님에게는 수행공덕의 결과로 얻은 보신이 있고 인연 따라서 변화하는 화신도 있으며 오고 가지 않는 법신이 있습니다. 법신은 형상세계에 오염된 육안으로는 알 수 없습니다. 형상세계가 허상인 것을 깊이 보는 혜안으로 보아야 오고 감이 없는 법신을 볼 수 있습니다. 이러한 법신은 언제나 세상 가득히 있어서 어디로부터 온 데가 없고 어디를 좇아서 간 곳이 없습니다. 그러면 오고 감이 없는 청정한 법신과 잘 갖추어진 보신 그리고 중생을 제도하기위해 출현하는 응신과 다양한 모습으로 변하는 화신은 똑같은 하나인가요? 아니면 법신과 보신 그리고 응화신이 따로 따로 셋 인가요?

나무에서 나온 잎이 나무인가요? 아닌가요?

나무에서 핀 꽃은 나무인가요? 아닌가요?

나무에서 열린 열매는 나무인가요? 아닌가요?

법신에서 나온 보신은 법신인가요? 아닌가요?

법신에서 나온 응신은 법신인가요? 아닌가요?

법신에서 나온 화신은 법신인가요? 아닌가요?

나무에서 나온 잎과 꽃은 피고 지고 열매는 맺어졌다가 떨어졌지만 나무는 법신과 같이 그 자리에서 오고 간 일이 없습니다. 법신이 나무이면 피고 지는 잎과 꽃은 인연 따라 오고 가는 응화신이라 할 수 있고 탐스러운 열매는 삼십이상을 갖춘 보신이라 할 수 있지요. 이와 같이 나무에서 나온 잎과 꽃 그리고 열매가 하나라면 응신과 화신 그리고 보신과 법신도 따로 있는 것이 아니라 하나입니다. 하지만 잎과 꽃 그리고 열매에만 집착하면 나무를 못 보듯이 응신과 화신 그리고 보신과 같은 몸 모습에 집착하면 법신을 보지 못하지요. 물위에 비춰진 달에만 집착하면 허공의 달을 보지 못하는 것과 같습니다. 허공의 달이 물위에 떠있는 수많은 달과 하나임을 알았을 때 물위에 달은 있으나 없으나 허공의 달은 아무런 걸림이 없습니다. 결국 부처님 몸이라는 분별 집착만 사라지면 즉시 여래 법신을 친견하게 되지요. 생로병사하는 몸이 불생불멸인 법신과 하나이니 이제는 죽음을 걱정할 필요가 없어졌습니다.

장면 21: 사람들이 색과 상으로는 여래를 볼 수 없다는 말씀을 들었지만 형상세계에 물들어 있어서 이해하기 힘들어 합니다. 여래가 몸의 모습이 없다면 지금까지 부처님께서 일생 동안 말씀하신 것은 과연 누가 말한 것이며 누가 듣는 것인가를 혼란스러워 하면서 그 말씀을 믿을 수 있는 중생은 없을 것이라고 생각합니다. 부처님이 말씀하시고 중생은 들었으나 내가 없으므로 말한 것도 없고 들은 것이 없으며 중생도 없다고 훈계하십니다.

불: (형상세계에 물들은 사람들의 의심을 걱정하시며 타일러서 훈계하시는 어조로) 수보리여! 그대는 여래가 마땅히 설한 법이 있다고 생각한다면 그런 생각은 하지마라! 왜냐하면 만약 어떤 사람이 여래가 법을 설했다고 말하면 곧 부처를 비방하게 되어서 내가 말하려는 뜻을 능히 알지 못하는 것이기 때문이니라. 수보리여! 설법이라는 것은 가히 설한 법이 없으므로 그 이름이 설법이라 하느니라.

수보리: (그때 수보리 존자가 부처님의 말씀을 듣고 지혜가 점점 깊어가며 여쭙기를) 세존이시여! 다가오는 세상에 이 법의 말씀을 듣고 믿는 마음을 내는 중생들이 흔하게 있겠습니까?

불: (수보리 물음에 장단을 맞추시며) 수보리야! 저들은 중생이 아니며 중생이 아닌 것도 아니다. 왜냐하면 중생 중생이라는 것도 여래는 말하기를 중생이 아니고 이름이 중생이라하기 때문이니라.

非說所說分 第二十一
비설소설분 제이십일
須菩提 汝勿爲 如來作是念 我當有所說法 莫作是念
수보리 여물위 여래작시념 아당유소설법 막작시념

何以故 若人言 如來有所說法 即爲謗佛 不能解我所說故
하이고 약인언 여래유소설법 즉위방불 불능해아소설고
須菩提 說法者 無法可說 是名說法
수보리 설법자 무법가설 시명설법

爾時 慧命須菩提 白佛言 世尊 頗有衆生 於未來世 聞說是法
이시 혜명수보리 백불언 세존 파유중생 어미래세 문설시법
生信心不
생신심부
佛言 須菩提 彼非衆生 非不衆生
불언 수보리 피비중생 비불중생
何以故 須菩提 衆生衆生者 如來說 非衆生 是名衆生
하이고 수보리 중생중생자 여래설 비중생 시명중생

해설: 법을 설했으나 설한 것이 없습니다.

부처님께서 말씀하신 보리는 모든 이름과 형상이 끊어져 있습니다. 왜냐하면 불성을 깨달은 보리는 말과 글로 표현할 수 없으므로 만약 보리를 말로 했다면 말한 것이 없게 되지요. 또 보리는 본래 있었던 것을 그대로 본 것뿐이기 때문에 한 마디도 말한 것이 아니지요. 마치 산이 산이라는 생각이 없듯이 내가 나라는 생각이 없으면 내가 없기에 분명히 말했지만 말한 것이 없고 들었어도 들은 것이 없습니다. 반대로 말한 이가 따로 있고 듣는 이가 따로 있다면 이것은 내가 있고 네가 있어서 집착이 있으며 차별이 있으므로 보리가 아니지요. 그래서 부처님이 수보리 존자에게 여래가 법을 설했다고 생각도 하지 말라고 훈계하십니다. 또한 법회 청중에게도 만약 여래가 말했다고 하면 부처를 비방하는 것이라고 따끔하게 타이르십니다.

신체 수명은 건강하려고 애쓰고 오래 살려고 노력하지만 허망해서 언제 사라질지 아무도 알 수 없습니다. 반면에 지혜 수명은 생긴 것도 없고 사라지는 것도 없는 불생불멸이기 때문에 헤아릴 수 없는 수명입니다. 이러한 부처의 지혜는 수보리 존자에게 이어지고 또 불법이 사라지는 말법시대에도 경을 듣고 믿음을 내는 중생에게 계속해서 이어집니다. 중생을 제도하기 위해 몸 모습으로 나타나신 석가모니 부처님은 일생 동안 팔만대장경을 말씀하셨지만 불생불멸을 깨달은 여래 법신은 너와 내가 구별이 없고 평등하여 말한 이도 없고 듣는 이도 없습니다.

사람들이 이러한 경을 듣고 믿어서 내가 없고 법이 없음을 이해하면 중생이라고 할 수 없고 또 믿는 마음이 가득하였으나 아직 보리를 증득하지 못하였으므로 중생이 아니라고 할 수도 없습니다. 그래서 아상 인상 중생상 수자상이 있으면 중생이고 아상 인상 중생상 수자상이 없으면 부처이지요. 아상이 없으면 내가 없으므로 중생이라는 생각조차 일어나지 않아서 중생은 없습니다. 또한 중생은 실체가 없어서 인연 따라 생겼다가 인연 따라 사라집니다. 마치 해가 뜨면 저절로 어두운 밤이 사라지듯이 중생도 상에 집착 분별하는 마음만 항복받으면 중생은 자취도 없어지지요. 중생은 사라지고 그 자리에 불성이 밝아져서 본래 있었던 보리를 만납니다. 그래서 법을 설하였으나 설한 것이 없고 법을 들었으나 들은 것이 없습니다.

장면 22: 중생들은 항상 얻고자 하는 생각으로 가득 차 있어서 한 순간도 쉬지 못합니다. 그렇다고 생각대로 얻지도 못할 뿐만 아니라 얻었다고 하더라도 지키기 어려워서 고통스러워합니다. 수보리 존자는 이러한 중생들의 이해를 돕기 위해서 부처님이 증득하신 보리가 얻은 것이 없음을 부처님께 확인합니다. 그래서 부처님은 보리라고 이름

할 정해진 법이 없고 어떤 조그마한 법이라도 얻은 것이 없다고 말씀
하십니다. 중생의 얻으려고만 하는 병을 치료해 주시기 위해서 부처
님 스스로 부족함이 없음을 보여주십니다.

수보리: (수보리 존자가 부처님께서 증득하신 보리는 얻은 것이 없음
　　　　을 확인하려고 여쭈어보기를) 세존이시여! 부처님께서 얻으
　　　　신 아뇩다라삼먁삼보리는 얻은 것이 없으신 것이지요?

불:　　 (수보리 존자의 의문에 바로 답하시기를) 그러하고 그러하니
　　　　라. 수보리야! 내가 저 아뇩다라삼먁삼보리 내지는 아무리 작
　　　　은 법이라도 얻은 것이 없으므로 그 이름이 아뇩다라삼먁삼
　　　　보리라 하느니라!

無法可得分 第二十二
무법가득분 제이십이
須菩提 白佛言 世尊 佛 得阿耨多羅三藐三菩提 爲無所得耶
수보리 백불언 세존 불 득아뇩다라삼먁삼보리 위무소득야
佛言 如是 如是
불언 여시 여시

須菩提 我於阿耨多羅三藐三菩提 乃至 無有小法可得
수보리 아어아뇩다라삼먁삼보리 내지 무유소법가득
是名 阿耨多羅三藐三菩提
시명 아뇩다라삼먁삼보리

해설: 보리는 본래 있는 것이어서 얻을 필요가 없습니다.

보리는 주고받거나 얻고 잃어버리는 물건도 아니고 말과 글로 설명할 수 있는 지식도 아닙니다. 왜냐하면 보리는 형상이 없어서 주고받을 수 없고 말과 글로 표현할 수 없어서 설명할 수 없기 때문입니다. 그래서 보리는 있는 것도 아니고 없는 것도 아닙니다. 더군다나 보리는 얻고 보니 누구든지 본래 전부 가지고 있었던 것들 입니다. 마치 금이 섞인 돌덩어리에서 다른 물질들을 제거하고 나면 본래 있었던 금이 나타나는 것과 같습니다. 마찬가지로 중생이 어리석은 망심을 항복받고 나면 본래 가지고 있었던 보리가 금처럼 나타나는 것이지요. 그런데 더 놀라운 사실은 사람들이 생각만 멈추면 보리를 볼 수 있으므로 굳이 얻으려고 노력할 필요가 없다는 것입니다.

중생의 보리는 분별심과 집착심으로 가려 있어서 보리를 볼 수 없습니다. 하지만 밝음이 오면 어둠이 사라지듯이 중생도 분별심과 집착심만 멈추면 곧 보리를 볼 수 있겠지요. 이와 같이 보리는 깨닫지 못했을 때도 잃어버린 적이 없었으며 깨달았을 때도 새로 얻은 것이 아닙니다. 본래 누구나 다 가지고 있으므로 부족한 것이 하나도 없어서 애써서 얻을 필요가 전혀 없지요. 그래서 보리는 밖으로부터 얻는 것도 아니고 노력해서 얻어 지는 것 역시 아닙니다. 보살도 처음으로 보리를 보면 환희심이 일어나 보리에 집착하는 작은 장애가 있게 됩니다. 이번에는 보살의 지혜가 깊어져서 보리에 대한 집착은 사라졌지만 보리를 닦는 다는 집착으로 작은 걸림이 있습니다. 결국 부처의 보리는 아무리 작은 법에도 집착이 없으므로 보살과 같은 장애나 걸림이 없어서 부족한 것이 하나도 없습니다.

작은 법도 얻지 않는 지혜는 장애가 없어서 어디서든지 누구에게나 그 지혜를 쓸 수 있습니다. 불성은 일할 때나 잠잘 때나 항상 같이 있으므로 욕심이나 미움으로 가득 차있으면 바늘하나 들어갈 수 없어 피 한 방울도 나눌 수 없습니다. 반대로 같은 불성이라도 어떤 욕심도 미움도 없으면 사방으로 펼쳐져서 자신의 장기도 아무런 조건 없이 필요한 이에게 나누어 줄 수 있으니 참 신기한 일이지요.

어떤 사람이 행복을 얻기 위해서 파랑새를 찾아 온 천지를 돌아다녔지만 얻지 못하고 천신만고 끝에 집으로 돌아와 보니 파랑새가 바로 자기 집 마당 나무에 앉아 있었습니다. 마찬가지로 보리 역시 찾으려고 바깥으로 한 없이 돌아다녀도 얻을 수 없었습니다. 오직 얻으려는 마음을 항복받았을 때 파랑새처럼 보리는 본래 자신이 가지고 있었던 것입니다.

장면 23: 법회 청중이 보리는 얻고 보니 본래 있었던 것이어서 얻은 것이 없다는 말씀을 깊은 마음으로 들었습니다. 모든 망심을 항복받으면 보리는 스스로 나타나므로 어리석은 중생도 보리를 잃어버린 것이 아니고 깨달은 부처님도 보리를 새로 얻은 것이 아니기 때문에 부처와 중생이 높고 낮음이 없습니다. 부처님께서 분별하고 집착하는 생각만 멈추면 부처의 보리를 바로 얻을 수 있다고 청중에게 용기를 북돋아 주십니다.

불: (어리석은 중생에게도 불성이 있으니 용기를 가지라고 북돋아 주시며) 다시 이어서 수보리여! 이 법은 평등해서 위와 아래가 없어서 그 이름이 아뇩다라삼먁삼보리이니라.
무아 무인 무중생 무수자의 마음으로 일체의 선법을 닦으면 아뇩다라삼먁삼보리를 즉시 얻게 되느니라.
(선법이라도 마음에 집착이 있으면 보리를 볼 수 없음을 훈계하시며) 수보리야! 말한바 선법이라는 것도 여래는 즉시 선법이라고 말할 수 없으므로 그 이름이 선법이라 하느니라.

淨心行善分 第二十三

정심행선분 제이십삼

復次 須菩提 是法 平等 無有高下 是名阿耨多羅三藐三菩提

부차 수보리 시법 평등 무유고하 시명아뇩다라삼먁삼보리

以無我無人無衆生無壽者 修一切善法 卽得阿耨多羅三藐三菩提

이무아무인무중생무수자 수일체선법 즉득아뇩다라삼먁삼보리

須菩提 所言善法者 如來說 卽非善法 是名善法

수보리 소언선법자 여래설 즉비선법 시명선법

해설: 집착 없는 선법을 실천하면 바로 보리입니다.

중생이 분별 집착으로 보리를 얻지 못하였지만 본래 가지고 있어서 잃은 것이 아니며 부처님이 보리를 성취하였어도 본래 가지고 있었던 것을 본 것뿐이어서 새로 얻은 것도 아닙니다. 이와 같이 불성은 중생이라고 해서 모자라고 성인이라고 해서 늘어난 것이 아니기 때문에 중생과 부처가 평등할 뿐만 아니라 높고 낮음이 없습니다. 그래서 어리석은 중생도 부처가 될 수 있는 성품인 불성을 본래 가지고 있다는 말은 언제든지 중생도 부처님처럼 깨달을 수 있다는 놀라운 소식입니다.

중생은 형상세계에 분별 집착으로 오래 동안 젖어 있어서 보리를 대하기가 어렵습니다. 하지만 중생도 아상 인상 중생상 수자상 없이 선법을 실천하면 바로 보리를 이룰 수 있습니다. 분별 집착은 나를 위해서 구하고 얻으려는 잘 훈련된 생각에 불과 합니다. 하지만 분별하고 집착하는 생각은 수없이 일어났다가 사라지는 파도와 같아서 살아가는데 아무런 도움이 되지 않습니다. 왜냐하면 얻었다 하더라도 사용하면 없어지고 지키기가 어렵고 잘못 사용해서 고통의 대상이 되기 때문입니다. 이와 같이 구하고 얻으려는 선행은 아무리 많이 실천하여도 불성이 집착에 가려서 보리를 이루지 못합니다.

　반대로 구하고 얻으려는 집착이 없는 선행을 실천하면 마음에 불성의 씨앗이 심어져서 지혜가 밝아지고 타인을 이익되게 합니다. 이와 같은 지혜는 나와 네가 평등해서 구별이 없고 삶과 죽음마저도 평등해서 삶을 가까이 하고 죽음을 멀리 할 필요가 없습니다. 분별하고 집착하는 아상 인상 중생상 수자상을 항복받았을 때 얻으려는 생각이 없으므로 힘든 일도 즐거이 받아들이고 어려운 일 역시 지혜롭게 해결할 수 있겠지요. 왜냐하면 얻을 것이 하나도 없다는 것은 바로 부족한 것이 전혀 없기 때문에 모든 것을 전부 갖추었다는 뜻이겠지요. 그래서 집착하지 않는 선법을 실천하면 불성이 환하게 밝아져서 바로 보리를 이룰 수 있습니다.

　그러나 선법이라 하더라도 보답을 바라거나 집착하는 마음이 조금이라도 있게 되면 즉시 선법이라고 할 수 없습니다. 왜냐하면 집착하는 선법으로는 절대로 보리를 이룰 수 없기 때문이지요. 그래서 부처님께서 중생들이 보리를 얻기 위해 선법에 집착할 것을 경계하시며 다시 한 번 더 형상 없는 무상 선법을 당부하십니다.

맹인들에게 코끼리를 만져보고 코끼리의 모습을 말해 보라고 하였습니다. 맹인들은 각자 코끼리에 다가가서 코와 상아를 만지고 다리를 더듬어 보고 귀와 꼬리도 만져 보았습니다. 모두 자기가 만진 부분을 코끼리라고 떠들었습니다. (열반경 중에서) 누가 말한 코끼리가 진짜 코끼리일까요? 맹인들이 말한 모든 코끼리는 거짓된 코끼리가 하나도 없습니다. 단지 맹인들은 자신이 만진 부분만 코끼리이고 진짜 코끼리 모습은 모를 뿐입니다. 마찬가지로 중생들이 분별 집착에 가려서 보리를 보지는 못하지만 그것이 자신이 본래 가지고 있는 진짜 보리인 것을 맹인처럼 모를 뿐입니다.

장면 24: 법회 청중들이 중생도 부처님과 같은 불성을 본래 가지고 있다는 말씀을 듣고 보리를 이루겠다는 용기가 솟구쳤습니다. 또 아상 인상 중생상 수자상을 항복받은 청정한 마음으로 선법을 닦으면 바로 보리를 얻을 수 있다는 말씀을 듣고 기뻤습니다. 그러면 굳이 금강경을 수지 독송 해설하지 않아도 보리를 얻을 수 있는데 경이 무슨 소용이 있을까요? 부처님은 경을 보고 듣고 읽고 외워서 그 뜻을 해설하는 것이 보리를 이루는 방편 중에서 가장 확실한 지름길인 것을 알려주십니다.

불: (집착 없는 선행으로 보리를 이룰 수 있지만 경의 뜻을 실천하는 것이 보리를 이루는 가장 빠르고 확실한 길이라는 것을 다시 강조하시려고) 수보리여! 만약 어떤 사람이 삼천대천세계에 있는 모든 수미산왕과 같은 칠보 무더기를 가지고 널리 베풀었고 만약 다른 사람이 이 반야바라밀경 내지는 사구게 등이라도 받아 지녀서 읽고 외워 타인에게 해설한 것에 비하면 앞의 칠보 복덕은 백분의 일에 미치지 못하고 백천만 억분 내지는 셈하는 수의 비유로는 도저히 미칠 수 없느니라.

福智無比分 第二十四
복지무비분 제이십사
須菩提 若三千大天世界中 所有諸須彌山王
수보리 약삼천대천세계중 소유제수미산왕
如是等七寶聚 有人 持用布施
여시등칠보취 유인 지용보시

若人 以此般若波羅蜜經 乃至 四句偈等 受持讀誦 爲他人說
약인 이차반야바라밀경 내지 사구게등 수지독송 위타인설
於前福德 百分不及一 百千萬億分 乃至 算數譬喩 所不能及
어전복덕 백분불급일 백천만억분 내지 산수비유 소불능급

해설: 경은 보리를 이루는 지름길입니다.

사람들은 있고 없는 것을 분별하고 좋고 나쁜 것을 구별하는 생각으로 살아 왔기 때문에 항상 재물과 같은 대상을 좇아서 살아갑니다. 하지만 재물은 아무리 귀하고 많다 하더라도 오래 머물지 못합니다. 왜냐하면 재물은 지키기 어렵고 사용하면 없어져서 다시 끊임없이 구해야 합니다. 재물이 많으면 오만해져서 잘못 사용하면 다른 사람을 고통스럽게 할 뿐만 아니라 자신도 원망에서 벗어나지 못합니다. 더욱이 재물복은 사용하면 없어지는 복이라서 생사의 고통을 벗어나지 못하는 복입니다.

　반면에 경을 지니고 실천하는 공덕은 대상을 좇아가지 않고 본래 생기지도 않았고 없어지지도 않는 나를 찾아가는 지혜입니다. 경의 지혜는 본래 내가 삶과 죽음이 없다는 진실을 알 뿐만 아니라 모든 사람에게 전하여 불생불멸의 마음을 나눌 수 있습니다. 이와 같이 불생불멸을 깨달은 진여 불성은 일할 때나 잠잘 때나 항상 같이 있으므로 생긴 일도 없고 사라진 일도 없어서 고통이나 원망이 전혀 없습니다. 나라고 집착하는 몸의 수명은 정해져 있고 정해진 수명도 앞날을 기약할 수 없지만 지혜의 수명은 지혜가 깊어 갈수록 불생불멸의 진리를 터득해서 하루를 살더라도 영원히 살 수 있습니다. 불생불멸을 깨달은 지혜는 삶과 죽음의 속박에서 벗어날 수 있는 빠르고 확실한 방편입니다. 경은 모든 부처님과 부처의 아뇩다라삼먁삼보리를 출생시켰으므로 경의 가르침에 의지하여 받아 지녀서 그 뜻을 실천하는 것이 보리를 이루는 지름길이 됩니다. 그래서 부처님은 경을 실천하는 공덕이 보물이나 사람의 목숨을 보시하는 복덕보다 훌륭하여 비교조차 할 수 없다고 이 경을 통해서 여러 차례 강조하십니다. 재물은 생사의 고통을 벗어나게 하지 못하지만 경의 가르침은 능히 생사의 고통을 벗어나게 할 뿐만 아니라 마음의 병을 치료하고 예방할 수 있는 특별한 약입니다.

지혜는 모든 형상이 실체가 없음을 알고 형상에 집착하는 생각을 멈추는 것입니다. 생각은 형상을 좇아서 수없이 일어났다가 사라지기 때문에 형상을 훔치려는 도둑과 같습니다. 도둑이 재물을 훔치려는 생각으로 빈집에 소리 없이 들어갔습니다. 그런데 방안을 아무리 둘러보아도 훔쳐갈 물건이 하나도 없었습니다. 이 때 도둑은 훔칠 생각이 싹 사라졌는데 훔치려는 생각은 어디로 갔을까요? 대상이 없으면 대상을 좇는 생각도 반드시 사라진다는 뜻이겠지요. 그래서 지혜의 눈으로 대상이 허망하다는 것을 보면 집착하고 얻으려는 생각은 발붙일 곳이 없습니다.

장면 25: 사람들이 중생과 부처가 평등하여 높고 낮음이 없다는 부처님 말씀을 듣고 여래가 중생을 제도하는 것에 대하여 의문을 갖습니다. 여래는 법을 설하고 중생은 법을 듣는 차별에 대해서도 의문이 들었습니다. 부처님께서 수보리 존자를 통해서 다시 그러한 생각들이 틀렸음을 엄하게 훈계하십니다. 모든 중생이 본래부터 부처이기 때문에 이미 여래의 지혜를 갖추고 있다고 알려주십니다.

불: (사람들의 의문을 다 아시고 훈계하시는 어조로) 수보리여! 그대의 뜻에는 어떠한가? 너희들은 여래가 마땅히 중생을 제도하는 마음을 낸다고 하지 마라. 수보리야! 이런 생각하지

마라! 왜냐하면 여래가 제도한 중생은 실로 없기 때문이니라. 만약 여래가 제도한 중생이 있다면 여래는 바로 아가 있고 인이 있으며 중생과 수자가 있는 것이 되느니라.

(나는 있고 없음을 떠났기에 무아요, 범부 역시 무아임을 강조하시며) 수보리여! 여래가 나라고 말했던 것은 즉시 내가 아닌데 범부들이 내가 있다고 생각 할 뿐이니라. 수보리여! 범부라는 것도 여래는 즉시 범부가 아니라고 말하며 그 이름이 범부일 뿐이니라.

化無所化分 第二十五

화무소화분 제이십오

須菩提 於意云何 汝等勿爲 如來作是念 我當道衆生

수보리 어의운하 여등물위 여래작시념 아당도중생

須菩提 莫作是念

수보리 막작시념

何以故 實無有衆生 如來度者

하이고 실무유중생 여래도자

若有衆生 如來度者 如來 卽有我人衆生壽者

약유중생 여래도자 여래 즉유아인중생수자

須菩提 如來說 有我者 卽非有我 而凡夫之人 以爲有我

수보리 여래설 유아자 즉비유아 이범부지인 이위유아

須菩提 凡夫者 如來說 卽非凡夫 是名凡夫

수보리 범부자 여래설 즉비범부 시명범부

해설: 중생을 제도했으나 제도한 것이 없습니다.

집착하는 병에 걸린 중생 환자와 분별하는 병에 걸린 중생 환자가 병을 고치기 위해서 보리병원을 찾았습니다. 여래의사는 환자들을 면밀하게 진찰하고 병이 없다는 무아 진단을 내렸습니다. 한 중생은 의사의 처방을 믿고 나서 집착하는 병이 씻은 듯이 나았으나 다른 중생은 병이 없다는 무아 처방에 의심스러운 생각으로 분별심이 더해져 더 큰 병에 시달렸습니다. 대상은 보고 듣는 사람에 따라서 다르게 느껴집니다. 같은 대상일지라도 사람마다 생각하고 경험한 만큼 다릅니다. 대상은 보려고 하는 마음이 생겨야만 보이므로 대상은 마음의 그림자에 불과합니다. 그래서 보는 마음이 청정하면 아무리 오염된 세상이라 하더라도 그 대상이 청정하게 보이지요.

　여래는 중생을 제도했으나 모든 상에 머물지 않고 허물지도 않아서 중생을 제도한다는 생각이 없고 또 중생이 제도 받는다는 생각 역시 없습니다. 여래께서 말씀하신 내가 있다고 하신 것도 나라는 생각이 없으므로 곧 내가 있는 것이 아닙니다. 나와 중생이 있다는 생각 없이 수많은 중생들을 제도하셨습니다. 마치 해와 달의 도움으로 나무에 꽃이 피고 지고 탐스러운 열매가 맺혔지만 해와 달은 열매에 아무런 관심이 없는 것과 같습니다. 마찬가지로 부처님의 설법으로 많은 중생이 삶과 죽음의 속박에서 벗어났지만 여래는 중생 제도에 전혀 생각이 없는 것이지요.

　만약 여래가 중생을 제도했다고 한다면 이것은 범부의 생각과 같아서 아상 인상 중생상 수자상으로 여래라고 할 수 없겠지요. 여래는 네 가지 상이 없으므로 보리를 얻은 것이 없으며 설법한 것도 없고 한 중생도 제도한 것 역시 없습니다. 오직 범부만이 내가 있다고 세상을 수많은 생각으로 구별하고 집착할 뿐입니다. 그러나 범부마저도 한 생각 사라지면 그 자리가 진여실상이기 때문에 이미 범부라 할 수 없겠지요. 여래께서 말씀하신 내가 있다는 것은 내가 없는 진실한 나를 가리키기 때문에 범부들이 집착하는 나와는 전혀 다릅니다. 하지만 여래는 범부도 결국 무아이므로 범부를 말하였다가 범부상마저도 흔적 없이 쓸어 버렸습니다. 여래와 범부가 모두 무아이기 때문에 여래도 범부도 없는 하나의 진여 실상 뿐입니다. 그래서 여래가 중생을 제도했으나 제도한 것이 없습니다.

장면 26: 부처님이 여래는 몸의 모습으로 볼 수 없고 보리를 얻은 것도 없으며 중생을 제도한 것도 없음을 반복해서 말씀하셨습니다. 사람들은 아직도 잘 갖추어진 삼십이상으로 여래의 진실상을 볼 수 있다는 막연한 기대를 하고 있습니다. 그래서 수보리 존자가 사람들이 여래 법신을 알 수 있도록 이해를 돕기 위해 중생 편에 서서 부처님의 물음에 장단을 맞추며 대답합니다.

불: (다시 부처님 자신의 몸을 예로 드시며) 수보리여! 그대의 뜻에는 어떠한가? 삼십이상으로 여래를 살펴 볼 수 있겠느냐?

수보리: (부처님께서 물어 보시는 까닭을 알면서도 청중들의 이해를 돕기 위해서 반대로 답하기를) 그렇습니다. 그렇습니다! 삼십이상으로 여래를 관찰 할 수 있습니다.

불: (수보리의 말이 끝나기가 무섭게 바로 이르시기를) 만약 삼십이상으로 여래를 살펴 볼 수 있다면 삼십이상을 갖춘 전륜성왕도 즉시 여래가 되겠구나!

수보리: (화들짝 놀라 머리를 조아리며) 세존이시여! 제가 부처님께서 말씀하신 뜻을 이해하기로는 응당히 삼십이상으로 여래를 관

찰할 수 없겠나이다.

불: (이때에 수보리 말에 기뻐하시며 게송을 읊으시기를)
       만약 모습으로 나를 보려고 하거나
       소리로 나를 찾으려고 한다면
       이 사람은 잘못된 길로 가는 것이니
       결코 여래를 보지 못할 것이니라.

法身非相分 第二十六
법신비상분 제이십육
須菩提 於意云何 可以三十二相 觀如來不
수보리 어의운하 가이삼십이상 관여래부
須菩提言 如是 如是 以三十二相 觀如來
수보리언 여시 여시 이삼십이상 관여래
佛言 須菩提 若以三十二相 觀如來者 轉輪聖王 卽是如來
불언 수보리 약이삼십이상 관여래자 전륜성왕 즉시여래

須菩提 白佛言 世尊 如我解佛所說義 不應以三十二相 觀如來
수보리 백불언 세존 여아해불소설의 불응이삼십이상 관여래

爾時 世尊 而說偈言
이시 세존 이설게언
若以色見我
약이색견아
以音聲求我
이음성구아

是人行邪道
시인행사도
不能見如來
불능견여래

해설: 법신은 모습과 소리와 같은 형상이 없습니다.

사람들은 보고 듣는 것에 길들어져 모습과 소리가 없으면 있는 것으로 믿지 않습니다. 그런데 문제는 모습과 소리가 분별하는 마음에서 나온 자신의 그림자라는 것을 모르고 있습니다. 하늘과 땅 그리고 산과 강이 모두 분별하는 마음에서 나왔습니다. 또한 모습과 소리 등 형상에 집착하여 좋은 것이면 가지려고 하고 나쁜 것은 버리려는 분별하는 망심에 빠져 있습니다. 하지만 형상은 고정된 실체가 없어서 인연 따라 나타나고 사라지므로 좋은 것은 못 얻어서 괴롭고 나쁜 것은 안 버려져서 고통 받습니다. 중생들은 분별하는 형상에 속고 생각에 속아서 끊임없이 힘들어 합니다. 본래 좋고 나쁜 것은 없습니다. 단지 중생들이 좋고 나쁜 것으로 분별할 뿐입니다. 이러한 고통에서 벗어나려면 모습과 소리에 속지 말아야 하겠지요.

부처님이 공덕의 보답으로 갖추고 계신 삼십이상으로 여래를 볼 수 있다면 삼십이상을 갖추고 있는 전륜성왕도 바로 여래라는 말씀으로 수보리와 청중을 긴장시켰습니다. 왜냐하면 전륜성왕은 부처님과 같은 삼십이상을 갖추었지만 진여 불성을 깨달은 여래가 아니기 때문입니다. 부처님이 여래를 겉모습이 비슷한 전륜성왕에 비교하시며 형상에만 매달리는 중생의 어리석음을 한 방에 날리십니다. 더욱이 여래는 반야바라밀에서 출생했으므로 모습이나 소리로 접근할 수 없는 실상의 세계입니다. 진여 불성은 바탕이 오염되지 않았기 때문에 모습 없는 모습을 보고 소리 없는 소리를 들을 수 있습니다.

앉은 자리에서 부처되기

모습과 소리로는 부처님의 정신세계인 법신을 보지 못합니다. 소리가 없다고 해서 듣지 못하고 모습이 없다고 보지 못하는 것이 아니지요. 소리 없는 소리가 안 들리고 모습 없는 모습이 안 보인다고 생각할 뿐입니다. 노래 제목처럼 침묵의 소리도 소리입니다. 그렇다고 해서 모습 없는 모습에 집착하고 소리 없는 소리에 집착해서는 안 되겠지요. 왜냐하면 법신이 모습과 소리로 볼 수 없다고 집착하면 또 다른 망상이기 때문입니다. 얼음이나 수증기의 모습이 물의 모습과 다르다고 하더라도 얼음과 수증기는 본래 모습인 물을 떠나지 않았습니다. 마찬가지로 눈으로 보이는 수많은 모습은 허물지 않아도 본래 모습인 여래를 떠난 적이 없습니다. 여래 역시 수많은 모습의 본성이므로 잠시도 산하대지 모든 모습에서 떠난 일이 없습니다. 그래서 모습과 소리를 분별하고 집착하는 생각만 멈추면 산하대지 모든 모습에서 진여 불성인 여래를 친견할 수 있습니다.

장면 27: 법회 청중이 삼십이상으로는 여래를 관찰할 수 없다면 반대로 삼십이상을 없애고 버리면 여래를 볼 수 있을 것이라고 추측합니다. 이번에도 부처님이 사람들의 마음을 다 보고 다 알아서 수보리 존자에게 없애고 버리는 상도 또 다른 형상이므로 생각하지 말 것을 훈계하시며 다짐을 받습니다. 그래서 부처님은 형상이 있으나 없으나 모든 형상에 집착하지 말 것을 거듭해서 당부하십니다.

불: (있는 것에 집착하는 병보다 없는 것에 집착하는 병을 더 경계하시며) 수보리여! 만약 그대가 여래가 구족상을 사용하지 않은 까닭으로 아뇩다라삼먁삼보리를 얻었다고 생각한다면 수보리야! 그런 생각하지 마라! 여래가 구족상을 쓰지 않은 까닭으로 아뇩다라삼먁삼보리를 얻었다고 생각하지 마라.

(보리를 얻기 위해서 모든 형상을 끊고 없애는 또 다른 형상에 집착하지 말 것을 강조하시며) 수보리여! 만약 그대가 아뇩다라삼먁삼보리 마음을 일으킨 이는 모든 법을 끊고 없애야 하는 것으로 생각한다면 그런 생각을 하지마라! 왜냐하면 아뇩다라삼먁삼보리를 일으킨 이는 저 법에 단멸상을 말하지 않기 때문이니라.

無斷無滅分 第二十七
무단무멸분 제이십칠
須菩提 汝若作是念 如來 不以具足相故 得阿耨多羅三藐三菩提
수보리 여약작시념 여래 불이구족상고 득아뇩다라삼먁삼보리
須菩提 莫作是念 如來 不以具足相故 得阿耨多羅三藐三菩提
수보리 막작시념 여래 불이구족상고 득아뇩다라삼먁삼보리

須菩提 汝若作是念 發阿耨多羅三藐三菩提心者 說諸法斷滅
수보리 여약작시념 발아뇩다라삼먁삼보리심자 설제법단멸
莫作是念 何以故 發阿耨多羅三藐三菩提心者 於法 不說斷滅相
막작시념 하이고 발아뇩다라삼먁삼보리심자 어법 불설단멸상

해설: 끊을 것도 없고 없앨 것도 없습니다.
부처님께서 죽고 사는 몸에서 본래 죽고 사는 몸이 없는 실상을 날마다 반복되는 생활을 통해서 스스로 보여주셨습니다. 중생들이 생사에 분별하고 집착해서 생기는 고통이 이루 말할 수 없는 것을 보시고 몸소 불생불멸의 진리인 보리 지혜를 펼치셨습니다. 이러한 부처님의 가르침을 믿고 따르는 사람은 생사를 포함한 모든 형상이 인연 따라

앉은 자리에서 부처되기

생겼다가 사라져서 실체가 없다는 것을 알고 해탈의 기쁨을 체험합니다.

　이번에는 사람들이 여래를 삼십이상으로 볼 수 없다는 말씀을 듣고 반대로 삼십이상을 없애고 버리면 여래를 볼 수 있다고 생각합니다. 하지만 없애고 버리는 단멸에 집착하는 병은 형상에 집착하는 병보다 더 무서운 병을 앓게 됩니다. 마치 환자가 약을 먹고 병이 다 나았는데도 불구하고 계속 약을 먹는 것과 같이 매우 위험합니다. 병이 다 나았으면 당연히 약도 버려야 하지요. 왜냐하면 있는 것을 억지로 끊고 없애는 것도 또 다른 망상에 불과하기 때문입니다. 마치 해가 뜨면 아침이슬이 스스로 허공으로 증발되듯이 경의 뜻을 깊은 마음에 새기면 집착이나 망상은 저절로 흩어집니다. 그래서 발심한 보살은 단멸을 말하지 않습니다.

　있는 것에 집착할 필요가 없을 뿐만 아니라 따로 없애려는 노력도 할 필요가 없습니다. 지옥이 자신의 마음으로 보는 망상이므로 지옥을 없애고 버리지 않아도 지혜로 통달하면 모든 것은 실체가 없으므로 지옥은 있었던 것이 아닙니다. 지옥이 자신이 만들은 것이라면 천상도 만들 수 있는 능력이 있겠지요. 또한 보리는 누구든지 본래 가지고 있기 때문에 구하려고 애쓰거나 잃어버릴까봐 걱정할 물건이 아닙니다. 언제나 소를 타고 다니는 사람은 소를 찾으려고 집착할 필요가 없으며 소를 잃어버릴까봐 걱정할 필요도 없습니다. 또 소가 항상 옆에 있는 것을 알면 타고 내리는 것도 자유자재합니다. 집착할 필요도 없고 없애려고 노력할 필요도 없는 보리 역시 지금 타고 있는 소와 마찬가지이겠지요.

장면 28: 앞에서 모든 보살이 실천하는 무주상 보시는 허공처럼 헤아릴 수 없는 복덕을 얻는다고 말씀하셨습니다. 사람들이 발심한 보살은 모든 법을 억지로 끊고 없애려는 단멸상을 갖지 말라는 부처님 말씀을 듣고 과연 보살들이 받은 복덕은 어떻게 해야 하는지 의문을 갖습니다. 부처님께서 보살들이 지은 복덕은 어떻게 해야 하는지 방편문을 열어 보여주십니다.

불: (복덕은 받지 않고 타인의 이익으로 돌리는 보살의 지혜를 알려 주시며) 수보리여! 만약 보살이 항하의 모래 수와 같은 세계에 가득한 칠보를 지녀서 보시에 사용하고 만약 다시 어떤 사람이 모든 법이 무아임을 알아서 지혜를 이루었다면 이 보살은 칠보로 보시한 보살이 얻는 공덕보다 더 뛰어나니라. 왜냐하면 수보리야! 모든 보살들은 복덕을 받지 않기 때문이니라!

수보리: (듣는 사람들이 쉽게 이해하도록 다시 여쭙기를) 세존이시여! 어떻게 해야 보살이 복덕을 받지 않나이까?

불: (아주 간단하고 명쾌하게 말씀하시기를) 수보리여! 보살은 복덕을 짓기만 하고 마땅히 탐하거나 집착해서는 아니되니, 이런 까닭으로 복덕을 받지 않는다고 말하느니라!

不受不貪分 第二十八
불수불탐분 제이십팔
須菩提 若菩薩 以滿恒河沙等 世界 七寶 持用布施
수보리 약보살 이만항하사등 세계 칠보 지용보시
若復有人 知一切法無我 得成於忍 此菩薩 勝前菩薩 所得功德
약부유인 지일체법무아 득성어인 차보살 승전보살 소득공덕
何以故 須菩提 以諸菩薩 不受福德故
하이고 수보리 이제보살 불수복덕고

앉은 자리에서 부처되기

須菩提 白佛言 世尊 云何菩薩 不受福德
수보리 백불언 세존 운하보살 불수복덕
須菩提 菩薩 所作福德 不應貪着 是故 說不受福德
수보리 보살 소작복덕 불응탐착 시고 설불수복덕

해설: 탐착하지 않는 복덕이 보리입니다.

사람들은 남보다 더 좋고 많은 복덕을 받기 위해서 일생동안 끊임없이 일하고 노력합니다. 하지만 얻은 복덕은 인연으로 잠시 머무는 것뿐이어서 앞날을 기약할 수 없습니다. 가지고 있는 복덕마저도 사용하면 없어지고 누군가 가져가면 지키지도 못합니다. 결국 보물 복덕도 반드시 없어지고 지키기 어려워서 생로병사의 고통에서 벗어나지 못합니다.

보살도 아무리 많은 보물로 보시하여도 조금이라도 구하는 마음이 있으면 중생의 복덕처럼 없어지고 지키기 어렵습니다. 왜냐하면 구하는 마음이 보살의 눈을 가려서 불성을 보지 못하기 때문에 생사의 고통에서 벗어나지 못하기 때문이지요. 하지만 보살이 아닌 하찮은 사람일지라도 일체법이 무아인 것을 깨달으면 생겨나고 사라지는 법이 없는 지혜를 얻게 됩니다. 무아는 나와 네가 구별이 없고 삶과 죽음도 평등해서 아무런 다툼과 장애가 없습니다. 이와 같이 무아 지혜는 생사의 속박에서 벗어날 수 있는 뛰어난 방편이므로 생로병사의 고통에서 벗어 날 수 없는 칠보 복덕하고는 비교할 수 없이 더 훌륭합니다. 부처님도 헤아릴 수 없이 많은 복덕을 짓지만 받지 않고 그대로 만덕을 만인에게 돌려주시는 무아 지혜로 가득하지요. 보살 역시 지은 복덕을 탐하거나 받지 않고 이로운 일에 돌리면 그 복덕은 결과를 바라지 않는 햇빛과 같이 온 세상에 가득 퍼져서 모든 이에게 이익을 줄 뿐만 아니라 보살 자신의 지혜도 넓힐 수 있습니다.

몸은 수분과 체온과 뼈와 살 그리고 공기 등 전부 다른 것으로 이루어져 있어서 나라고 할 것이 없습니다. 그래서 무아인데 생로병사의 윤회는 계속 돌아갑니다. 마치 수레가 나무와 바퀴 그리고 쇠못 등 다른 것으로 이루어져서 수레는 없는데 수레가 계속해서 굴러가는 것과 같습니다. 무아 지혜는 너와 나를 분별하는 망심이 사라지고 마음 깊은 곳에 저장된 기억들이 녹아져서 심지어는 생로병사의 윤회마저도 멈추게 합니다. 지혜는 재물처럼 구하고 취해서 얻는 것이 아니고 없애고 버려서 잃는 것도 아닙니다. 이러한 지혜는 놀랍게도 누구든지 본래 가지고 있는 것이어서 만나게 되면 사방이 밝아져서 어두운 번뇌는 스스로 없어지겠지요. 누구든지 무아를 통달하면 앉은 자리에서 본래 있는 보리를 만났으니 한 발자국도 움직이지 않고 여래를 친견했습니다.

장면 29: 부처님께서 여래를 모습으로 보려하거나 음성으로 들으려고 한다면 이 사람은 삿된 길로 가는 것이니 여래를 볼 수 없다고 게송을 읊으셨습니다. 여래를 모습이나 음성으로 볼 수 없다면 지금 누가 설법을 하시고 계신 것인가요? 여래는 허공처럼 우주 산하대지에 가득 차 있어서 생각만 멈추면 어디서든지 여래를 친견할 수 있다고 힌트를 주십니다.

불: (여래는 모든 법의 본성이므로 우주에 가득하지만 눈과 귀로는 보고 들을 수 없음을 당부하시며) 수보리여! 만약 어떤 사람이 여래가 온다거나 간다거나 앉는다거나 눕는다고 말한다면 이 사람은 내가 말하는 뜻을 알지 못하는 것이니라. 왜냐하면 여래라는 것은 어디로 부터 온 곳이 없고 또한 간 곳이 없기 때문이니라. 그런 까닭으로 여래라고 이름하느니라.

威儀寂靜分 第二十九

위의적정분 제이십구

須菩提 若有人言 如來 若來 若去 若坐 若臥 是人 不解我所說義

수보리 약유인언 여래 약래 약거 약좌 약와 시인 불해아소설의

何以故 如來者 無所從來 亦無所去 故名如來

하이고 여래자 무소종래 역무소거 고명여래

해설: 여래의 거동은 움직임이 없습니다.

사람들은 모습과 소리에 익숙하여 모습이 눈앞에 보이거나 소리가 들려야 있는 것으로 확신합니다. 하지만 모습과 소리는 인연 따라 생겼다가 사라집니다. 모습과 소리를 갖춘 부처님 화신은 중생 제도를 위해서 출현하셔서 팔만대장경을 설하시고 열반에 드셨습니다. 반면에 모습과 소리로 볼 수 없는 여래 법신은 허공처럼 널리 끝이 없어서 항상 그 자리에 있기 때문에 오고 가는 것이 없습니다. 허공처럼 눈에 보이지 않는 모습도 있고 아무 것도 들리지 않는 소리도 있습니다. 마치 허공이 빈자리를 모르듯이 여래는 언제나 사방에 가득 차있는 것이어서 오고 감이 없습니다. 마치 손오공이 재주를 부려서 아무리 부처님을 벗어나려고 노력했지만 가도 가도 끝이 없는 부처님 손바닥 안에 있었지요. 그래서 여래는 모습이나 소리로 볼 수 없고 모습이나 소리를 없애고도 볼 수 없습니다.

　화신은 인연 따라 오고 갔는데 법신은 오고 가는 변화가 없습니다. 마치 물 위에 비추어진 수많은 달은 생겼다가 사라졌지만 공중에 떠 있는 달은 오고 간 것이 없는 것과 같습니다. 또 거울에 비추어진 수많은 사물들도 보였다가 사라졌지만 사물을 비추는 거울의 성품은 오고 가지 않은 것과 같지요. 허공의 달과 거울의 성품과 같은 여래도 어디로부터 온 데가 없고 또한 어디로 간 데가 없습니다. 하지만 여래

는 사방에 두루두루 있기 때문에 애써서 따로 찾을 필요가 없습니다. 누구든지 생각만 멈추면 여래는 지금 여기에 있습니다. 그래서 앉은 자리가 부처입니다.

그런데 오고 가는 몸은 본래 오고 가지 않은 여래를 떠난 일이 없습니다. 수 없이 생겼다가 사라지는 파도가 항상 같이 있는 물을 떠난 적이 없는 것과 같습니다. 파도와 같은 중생이 물과 같은 여래를 떠난 일이 없다는 이야기지요. 하지만 누구든지 보고 듣는 생각으로 분별 집착하면 여래를 볼 수 없음을 명심해야 합니다.

장면 30: 여래는 어디로부터 온 곳도 없고 또한 어디로 가는 곳도 없으니 몸이 하나이고 응화신은 인연 따라 오고 가는 몸을 나타내었으니 몸이 여럿인가? 이와 같이 사람들은 여래 법신과 응화신을 분별하고 집착하여 부처님의 말씀을 잘 이해하지 못합니다. 또한 사람들이 세계와 미진이 진실로 있는 것이라고 탐하고 집착해서 여래 법신을 보지 못하는 것을 안타까워하신 부처님께서 세계와 미진 그리고 일합 상은 진실로 있는 것이 아님을 보여주시며 궁금증을 풀어 주십니다.

불: (세계는 부수기 전에 이미 미진으로 이루어져 있으므로 세계가 실다운 것이 아님을 알려주시려고) 수보리여! 만약 선남자 선여인이 삼천대천세계를 부수어 미진으로 만들면 그대의 뜻은 어떠한가? 이 미진들이 얼마나 많겠느냐?

수보리: (눈에 보이는 미진들은 많지만 미진들은 실체가 없다는 뜻을 눈치 채고 말하기를) 매우 많습니다. 세존이시여! 왜냐하면 만약 이 미진들이 실로 있는 것이라면 부처님께서 즉시 미진들이라고 말씀하지 않았을 것입니다. 이유는 무엇인가요? 부

처님께서 말씀하신 미진들은 즉시 미진들이 아니요. 그 이름이 미진들입니다.

(세계와 미진은 인연 따라 생겼다가 흩어지므로 진실성이 없음을 확실하게 말하기를) 세존이시여! 여래께서 말씀하신 삼천대천세계도 즉시 세계가 아니고 이름이 세계입니다. 왜냐하면 만약 세계가 실로 있다면 그것은 바로 하나로 어울려서 합쳐진 모양인 일합상이기 때문입니다. 여래께서 말씀하신 일합상은 바로 일합상이라고 할 수 없어서 그 이름이 일합상이라 하나이다.

불:　(수보리의 대답에 기뻐하시고 대견해 하시며) 수보리여! 일합상이라는 것은 즉시 일합상이라 말할 수 없는데 단지 범부들이 일합상이라고 탐하고 집착할 뿐이니라.

一合理相分 第三十
일합이상분 제삼십
須菩提 若善男子 善女人 以三千大天世界 碎爲微塵
수보리 약선남자 선여인 이삼천대천세계 쇄위미진
於意云何 是微塵衆 寧爲多不 甚多 世尊
어의운하 시미진중 영위다부 심다 세존

何以故 若是微塵衆 實有者 佛卽不說 是微塵衆
하이고 약시미진중 실유자 불즉불설 시미진중
所以者何 佛說 微塵衆 卽非微塵衆 是名微塵衆
소이자하 불설 미진중 즉비미진중 시명미진중

世尊 如來所說 三千大天世界 卽非世界 是名世界

세존 여래소설 삼천대천세계 즉비세계 시명세계

何以故 若世界 實有者 卽是一合相

하이고 약세계 실유자 즉시일합상

如來說 一合相 卽非一合相 是名一合相

여래설 일합상 즉비일합상 시명일합상

須菩提 一合相者 卽是不可說 但凡夫之人 貪着其事

수보리 일합상자 즉시불가설 단범부지인 탐착기사

해설: 하나로 합해진 이치와 모습

사람들은 세계가 부수어져 미진이 눈앞에 보여야 비로소 미진이 합해져서 세계가 생겼다고 믿습니다. 마찬가지로 미진들이 모여서 세계가 만들어진 모습이 있어야만 세계를 부수면 미진이 된다고 믿습니다. 하지만 세계는 미진들로 이루어져 있기 때문에 세계가 부수어 지기 전에 세계는 이미 미진들이지요. 아직 세계가 부수어져서 미진이 되기 전이지만 언젠가는 미진이 되기 때문입니다. 같은 이치로 미진들이 모여서 세계가 되기 전에 미진들도 이미 세계입니다. 아직 미진들이 모여서 세계를 만들기 전이지만 인연이 되면 바로 세계가 되기 때문이지요. 이와 같이 세계는 미진으로 이루어져서 세계의 성질이 없고 미진은 세계가 부수어져서 이루어졌기 때문에 미진의 성질이 없습니다. 왜냐하면 세계가 부수어진 모습을 보고 나서야 공한 것이 아니라 세계는 세계의 성질이 없으므로 온전한 세계도 이미 공한 것이기 때문입니다. 이와 같이 세계와 미진은 부수어서 따로 있는 것도 아니고 합해져서 같이 있는 것도 아니어서 모든 형상은 낱낱이 하나의 실상 뿐입니다. 그래서 미진과 세계에 집착하고 분별하는 생각만 멈추면 진여 실상을 볼 수 있습니다.

앉은 자리에서 부처되기

일합상은 하나로 어울려서 합해진 모양입니다. 세계가 진실로 있는 것이라면 한 덩어리로 이루어진 일합상일 뿐이지요. 하지만 한 덩어리로 모이기전의 세계 역시 모습이 없었기 때문에 세계가 아니지요. 또한 일합상이 된 후의 세계도 인연이 다하면 사라져야 할 허수아비와 같아서 세계가 아닙니다. 그래서 일합상은 진실로 있는 것이라 하더라도 부수어지면 흩어지고 모이면 생기기 때문에 즉시 일합상이 아닙니다. 단지 보고 듣는 것에 능숙한 범부들이 일합상에 탐하고 집착하여 있는 것으로 여길 뿐입니다. 사람의 몸도 각기 다른 여러 가지가 모여서 이루어진 일합상입니다. 몸 모습은 인연 따라 생겼다가 흩어지기 때문에 진실한 내가 아닙니다. 오직 범부들이 내 몸이라는 일합상에 집착하여 너와 내가 따로 있다고 분별하고 집착할 뿐입니다. 불생불멸인 법신은 본래부터 온 세상에 가득해서 주변에 어디든지 두루 두루 있습니다. 그래서 누구든지 생로병사가 바로 불생불멸과 하나임을 보면 부처님처럼 세상을 아무런 걸림 없이 살 수 있습니다.

어느 여인이 갑작스러운 병으로 외아들을 잃고 한없는 슬픔에 잠겼습니다. 여인은 죽은 아이를 살리기 위해서 용하다는 의원은 전부 가 보았습니다. 하지만 아이를 살릴 수 있는 의원은 없었겠지요. 마지막으로 부처님의 소문을 듣고 부처님께 아이를 살릴 수 있는 방법을 여쭈었습니다. 부처님도 너무도 애절하게 부탁하는 여인 앞에서 잠시 말씀을 멈추시다가 마을 집집마다 다니면서 죽은 사람이 없는 집에서 겨자씨를 가져오면 아이를 살릴 수 있다고 하셨습니다. 여인은 부처님 말씀대로 온 마을을 다녔지만 죽은 사람이 없는 집은 없었으므로 겨자씨는 구하지 못했겠지요. 하지만 여인은 집집마다 다니면서 삶과 죽음이 평등하다는 진실을 깨닫고 슬픈 마음이 가라앉았습니다.
부처님께서 생로병사의 일상이 바로 불생불멸의 실상임을 겨자씨 방편으로 알려주신 것이지요.

장면 31: 부처님께서는 모든 상에서 떠나셨기에 위와 아래가 없는 평등한 무아를 보셨습니다. 하지만 많은 법회 청중들은 부처님이 말씀하시는 뜻을 이해하지 못하여 지금 말씀하시는 것도 부처님의 생각이나 의견이라고 생각하고 있습니다. 부처님이 무아를 깊이 믿고 이해하고 있는 수보리 존자에게 모든 법이 무아이기에 법상도 생긴 일이 없음을 확인하십니다.

불: (부처는 모든 상에서 떠났음을 보여주셨듯이 지견도 본래 없었음을 물어 보시려고) 수보리여! 만약 어떤 사람이 부처가 아견 인견 중생견 수자견을 말했다고 하면 수보리여! 그대의 뜻은 어떠한가? 이 사람은 내가 말하는 뜻을 이해하고 있겠느냐?

수보리: (지견은 본래 생긴 일이 없으므로 고개를 가로 저으며) 아닙니다. 세존이시여! 이 사람은 여래께서 말씀하신 뜻을 모릅니다. 왜냐하면 세존께서 말씀하신 아견 인견 중생견 수자견은 즉시 아견 인견 중생견 수자견이 아니고 그 이름이 아견 인견 중생견 수자견입니다.

불: (모든 법이 평등해서 법상도 생긴 일이 없다는 결론을 지어 당부하시기를) 수보리여! 아뇩다라삼먁삼보리 마음을 일으킨 이들은 일체법에 마땅히 이와 같이 알아서 이와 같이 보고 이와 같이 믿어 이해하여 법상을 내지 말아야 하느니라. 수보리야! 말한바 법상이라는 것도 여래는 즉시 법상이 아니고 그 이름이 법상이라고 말하느니라!

知見不生分 第三十一

지견불생분 제삼십일

須菩提 若人言 佛說 我見人見衆生見壽者見

수보리 약인언 불설 아견인견중생견수자견

須菩提 於意云何 是人 解我所說義不

수보리 어의운하 시인 해아소설의부

不也 世尊 是人 不解如來所說義

불야 세존 시인 불해여래소설의

何以故 世尊說 我見人見衆生見壽者見 卽非我見人見衆生見壽者見

하이고 세존설 아견인견중생견수자견 즉비아견인견중생견수자견

是名我見人見衆生見壽者見

시명아견인견중생견수자견

須菩提 發阿耨多羅三藐三菩提心者

수보리 발아뇩다라삼먁삼보리심자

於一切法 應如是知 如是見 如是信解 不生法相

어일체법 응여시지 여시견 여시신해 불생법상

須菩提 所言法相者 如來說 卽非法相 是名法相

수보리 소언법상자 여래설 즉비법상 시명법상

해설: 지견은 본래 생긴 일이 없습니다.

실상은 공간과 시간 그리고 모든 법이 존재할 수 없는 세계이므로 감각과 의식으로는 알 수 없고 오직 반야 지혜로만 도달할 수 있는 불생불멸의 세상입니다. 실상은 형상에 집착하고 분별하는 생각이 없으므로 모든 법이 평등해서 지견이 없습니다. 그러나 사람들은 보고 듣는

형상에 익숙하여 분별하고 집착하는 생각으로 지견이 생겼습니다. 하지만 모든 생각은 수시로 생겼다가 사라지는 실체가 없는 무아이기 때문에 지견도 본래 생긴 일이 없습니다. 그래서 여래는 분별하고 집착하는 감각과 생각 그리고 지견을 멈추고 혜안으로 보기 때문에 아견 인견 중생견 수자견을 말하면 부처님의 말한 뜻을 이해하지 못한다고 하지요.

사람들이 부처의 설법이 부처의 지견에서 나왔다고 생각하지만 부처는 지견이 없으므로 수많은 법을 설하였으나 말한 것이 없습니다. 부처의 설법은 장소에 따라서 중생들의 필요에 따라서 연설하셨습니다. 마치 산이 크다는 생각이 없고 바다가 넓다는 생각이 없는 것처럼 말하였기에 지견이 없습니다. 보살도 중생을 제도하였으나 제도했다는 지견이 없으므로 한 중생도 제도한 일이 없지요. 이와 같이 실상 반야 앞에서는 지견이 생긴 일이 없기 때문에 말한 것도 없고 얻은 것도 없습니다. 사람들은 생로병사가 내 몸이라고 생각하여 본래 고향인 불생불멸을 보지 못합니다. 평생 동안 몸을 위해서 좋은 것은 취하고 나쁜 것은 버리는 업으로 인하여 고통과 괴로움만 남았지요. 하지만 누구든지 무아를 통달하여 불생불멸을 보면 너와 내가 구별이 없어져서 대상과 마음이 하나가 되어 생로병사의 괴로움은 사라지고 법상마저 사라집니다. 지견은 본래 생긴 일이 없습니다.

마음이 움직여야만 대상을 보고 듣고 느낄 수 있습니다. 산과 강 그리고 땅은 사람 사람마다 자기 생각으로 보는 만큼 보이고 같은 대상이라 할지라도 전혀 다르게 보입니다. 결국 대상은 마음의 그림자로 보이고 들리는 것이지요. 그래서 마음이 분별하고 집착하는 지견에 오염되어 있으면 대상도 오염된 모습으로 보이겠지요. 하지만 마음에 지견이 없다면 오염된 대상이라도 청정한 모습으로 보일 것입니다. 마치 부처의 눈으로 보면 모든 것이 부처로 보이고 돼지의 눈으로 보면 전부 돼지로 보이는 것과 같습니다.

앉은 자리에서 부처되기

태조 이성계가 무학 대사에게 돼지같이 생겼다고 농담하면서 자신은 무엇 같으냐고 물었습니다. 대사가 대왕께서는 부처님 같다고 하자 이성계는 정색하며 까닭을 다시 물었습니다. 대사는 돼지 눈에는 모두 돼지로 보이고 부처의 눈에는 모두 부처로 보인다는 유명한 말을 남겼습니다. 그렇다면 왕의 눈은 돼지의 눈이고 대사의 눈은 부처의 눈이니 입장이 반대로 바뀌었습니다. 그래서 타인은 또 다른 나의 모습입니다.

장면 32: 법회 청중이 지견과 법상은 생긴 일이 없다는 말씀을 듣고 나서 오고 가는 화신불의 설법이 과연 진실한 것이며 경을 지니는 공덕도 분별로 인한 법상이 아닌가 하고 의문스러워 합니다. 또한 부처님이 열반에 드신 후 우리들은 이 경의 말씀을 다른 사람들을 위해서 어떻게 연설해야 하는지 궁금해 합니다. 부처님께서 금강경의 뜻을 수지 독송 연설하는 공덕의 훌륭함을 다시 강조하시면서 몸과 생각 그리고 모든 유위법에 속지 않도록 자세히 정리하여 알려주십니다.

불:　(부처의 설법 공덕이 훌륭함을 강조하시며) 수보리여! 만약 어떤 사람이 무량 아승기 세계에 가득한 칠보를 가지고 보시 한 것보다 만약 선남자 선여인이 보살의 마음을 내는 자가 있어 이 경 내지는 사구게 등이라도 받아 지녀서 독송하여 다른 사람에게 연설해 준다면 이 복이 더 훌륭하느니라.
　　　(부처가 열반에 들더라도 끊임없이 경의 뜻을 실천하고 전할 것을 당부 하시며) 어떻게 사람들을 위해서 연설하는가? 상을 취하지 않고 마음이 한결같이 움직이지 말아야 하느니라!
　　　왜냐하면 모든 유위법은 마치 꿈과 같고 허깨비와 같으며 사라지는 물거품이요. 그림자와 같으니라! 이슬과 같고 또한 번

갯불과 같으니라!

(단호한 표정을 지으시며) 반드시 이와 같이 살펴보아야 하느
니라!

應化非眞分 第三十二
응화비진분 제삼십이
須菩提 若有人 以滿無量阿僧祇世界 七寶 持用布施
수보리 약유인 이만무량아승기세계 칠보 지용보시
若有善男子 善女人 發菩薩心者 持於此經 乃至 四句偈等 受持讀誦
약유선남자 선여인 발보살심자 지어차경 내지 사구게등 수지독송
爲人演說 其福勝彼
위인연설 기복승피

云何爲人演說 不取於相 如如不動
운하위인연설 불취어상 여여부동
何以故 一切有爲法 如夢幻泡影 如露亦如電 應作如是觀
하이고 일체유위법 여몽환포영 여로역여전 응작여시관

해설: 앉은 자리에서 부처가 됩니다.

칠보 보시는 아무리 귀하고 많다고 하여도 쓰고 나면 없어지고 다른
사람이 가져가면 지키기 어려운 문제가 있습니다. 또한 재물은 잘못
사용하면 다른 이에게 고통을 줄 뿐만 아니라 자신도 원망의 대상이
되기 때문에 생사의 고통에서 벗어날 수 없는 한계가 있지요. 반면에
부처님이 설하는 이 경의 공덕은 모든 상에서 자유롭기 때문에 너와
내가 구별이 없고 삶과 죽음이 평등한 지혜로 스스로 이익을 얻을 뿐

아니라 다른 사람을 위해서 연설하여 모든 이에게 이익 되게 합니다. 부처님이 열반에 드신 후 말법시대가 온다 하더라도 이 경을 듣고 믿는 마음이 거스르지만 않아도 칠보 보시보다 공덕이 더 뛰어납니다. 왜냐하면 보살이 아닌 사람일지라도 언제 어디서든지 상을 취하지 않는 청정심을 내면 즉시 실상을 보고 생로병사가 불생불멸임을 알아서 생사의 속박에서 벗어날 수 있기 때문입니다.

생로병사 유위법은 꿈과 허깨비와 물거품 그리고 그림자와 같으며 또한 이슬과 번개와 같습니다.

꿈은 지나간 과거와 같이 찾아보면 자취도 없습니다. 다만 기억속에 저장된 그림자일 뿐입니다. 많은 사람들이 꿈같은 과거에 매달려서 후회하고 슬퍼하지요. 사람의 일생이 꿈과 같아서 현실도 꿈이 아니라는 증거는 없습니다.

허깨비는 세상 모습이 전부 변하고 사라지는 것을 비유한 말입니다. 마치 마술사가 주문을 외워서 지팡이로 살아 움직이는 뱀을 만들어 관객을 속이는 것과 같습니다. 사람들은 생각에 속고 형상에 속아서 고통만 남겠지요.

물거품은 생각이 끊임없이 생겼다가 바로 사라져서 오래 머물지 못하는 것을 비유합니다. 마치 수 없이 생겼다가 사라지는 파도처럼 생각 역시 잠시도 가만히 있지 못합니다.

그림자는 사람들이 보고 듣고 생각하는 모든 형상이 결국 마음이라는 것을 비유했습니다. 자신이 보는 것은 바로 자신의 생각이어서 마음이 움직이지 않으면 보이는 것도 보지 못하지요. 또 들을 수 있는 것도 듣지 못하는 것과 같습니다.

이슬은 사람의 몸에 비유한 것으로 수명을 기약할 수 없어서 해가 뜨면 바로 증발해 버리는 아침이슬과 같이 허망한 것입니다. 왜냐하면 몸은 인연 따라 생겼다가 사라져서 언제 없어질지 아무도 기약할 수 없기 때문이지요.

번개는 지금 이 순간이 너무 짧아서 생기자마자 없어진다는 뜻입니다. 과거는 기억 속에 꿈과 같고 현재는 빠르게 지나가는 번개와 같으며 미래는 하늘에 떠 있는 구름과 같습니다.

이와 같이 부처님께서 모든 유위법을 여섯 가지로 비유한 것과 같이 잘 살펴서 마음을 지킬 것을 마지막으로 당부하십니다.

여래 청정법신은 빈자리를 모르는 허공처럼 사방에 늘 두루두루 있어서 머무는 곳이 없습니다. 그래서 부처님이 출현하시기 전에도 수없이 많은 부처님이 계셨고 열반하신 후 역시 수없이 많은 부처님이 계십니다. 그래서 부처님은 출현과 열반이 따로 있는 것이 아니라 열반이 곧 출현이고 출현이 바로 열반입니다. 경을 펼치면 부처님을 뵙고 경의 뜻을 실천하면 부처님의 가르침을 따르는 것입니다. 누구든지 앉은 자리에서 부처님처럼 생각만 멈추면 바로 부처입니다. 이제는 부처님 계신 곳이 어디인가 하는 걱정은 사라졌지요.

무대의 조명이 환하게 밝아지며 부처님의 가르침이 절정에 이르니 법회 청중들은 형상에 집착하는 어리석음은 전부 사라지고 불성이 환하게 밝아져서 실상의 세계와 하나가 되었습니다. 수보리와 보살 그리고 청중들이 희유하신 부처님께 꽃과 향으로 공양을 올리며 막이 내립니다.

3막

막이 오르면서 수보리 존자와 대보살 그리고 법회청중 모두 금강경을 믿는 깊은 마음으로 부처님께 예경을 올리며 진여 실상 진리의 향기가 법회에 충만하여 원만하게 회향되었습니다.

마지막 장면: 부처님께서 이 경의 말씀을 마치시니 장로 수보리를 비롯하여 모든 비구 비구니 우바새 우바이 그리고 일체 세상 천인과 인간 그리고 아수라들이 부처님의 말씀을 듣고 모두 크게 기뻐하고 믿고 받아서 봉행하였습니다.

佛說是經已 長老須菩提 及諸比丘 比丘尼 優婆塞 優婆夷
불설시경이 장로수보리 급제비구 비구니 우바새 우바이
一切世間 天人阿修羅 聞佛所說 皆大歡喜 信受奉行
일체세간 천인아수라 문불소설 개대환희 신수봉행

부처의 눈으로 보면 세상 모든 것이 전부 부처입니다. 우주의 해와 달과 별 그리고 산하대지가 모두 부처입니다. 심지어는 들판에 널려 있는 이름 모르는 풀 한 포기, 발길에 채이는 돌부리마저도 부처입니다. 그래서 여러분이 앉은 자리가 바로 부처입니다.

앉은 자리에서 부처되기

金剛般若波羅密經
금강반야바라밀경
(구마라집 번역본)

法會因由分 第一
법회인유분 제일
如是我聞 一時 佛在 舍衛國 祇樹給孤獨園 與大比丘衆
여시아문 일시 불재 사위국 기수급고독원 여대비구중
千二百五十人俱
천이백오십인구
爾時 世尊 食時 着衣持鉢 入舍衛大成 乞食 於其城中
이시 세존 식시 착의지발 입사위대성 걸식 어기성중
次第乞已 還至本處 飯食訖 收衣鉢 洗足已 敷座而坐
차제걸이 환지본처 반사흘 수의발 세족이 부좌이좌

善現起請分 第二
선현기청분 제이
時 長老須菩提 在大衆中 卽從座起 偏袒右肩 右膝着地 合掌恭敬
시 장로수보리 재대중중 즉종좌기 편단우견 우슬착지 합장공경
而白佛言 希有 世尊 如來 善護念諸菩薩 善付囑諸菩薩
이백불언 희유 세존 여래 선호념제보살 선부촉제보살

世尊 善男子 善女人 發阿耨多羅三藐三菩提心
세존 선남자 선여인 발아뇩다라삼먁삼보리심
應云何住 云何降伏其心
응운하주 운하항복기심

佛言 善哉 善哉 須菩提 如汝所說 如來 善護念諸菩薩 善付囑諸菩薩
불언 선재 선재 수보리 여여소설 여래 선호념제보살 선부촉제보살
汝今諦聽 當爲汝說
여금제청 당위여설

善男子 善女人 發阿耨多羅三藐三菩提心 應如是住 如是降伏其心
선남자 선여인 발아뇩다라삼먁삼보리심 응여시주 여시항복기심
唯然 世尊 願樂欲聞
유연 세존 원요욕문

大乘正宗分 第三
대승정종분 제삼
佛告 須菩提 諸菩薩摩訶薩 應如是降伏其心
불고 수보리 제보살마하살 응여시항복기심

所有一切 衆生之類 若卵生 若胎生 若濕生 若化生 若有色 若無色
소유일체 중생지류 약난생 약태생 약습생 약화생 약유색 약무색
若有想 若無想 若非有想 非無想 我皆令入 無餘涅槃 而滅度之
약유상 약무상 약비유상 비무상 아개영입 무여열반 이멸도지

如是滅度 無量無數無邊衆生 實無衆生 得滅度者
여시멸도 무량무수무변중생 실무중생 득멸도자
何以故 須菩提 若菩薩 有我相人相衆生相壽者相 卽非菩薩
하이고 수보리 약보살 유아상인상중생상수자상 즉비보살

앉은 자리에서 부처되기

妙行無住分 第四

묘행무주분 제사

復次 須菩提 菩薩 於法 應無所住 行於布施

부차 수보리 보살 어법 응무소주 행어보시

所謂 不住色布施 不住聲香味觸法布施

소위 부주색보시 부주성향미촉법보시

須菩提 菩薩 應如是布施 不住於相

수보리 보살 응여시보시 부주어상

何以故 若菩薩 不住相布施 其福德 不可思量

하이고 약보살 부주상보시 기복덕 불가사량

須菩提 於意云何 東方虛空 可思量不 不也 世尊

수보리 어의운하 동방허공 가사량부 불야 세존

須菩提 南西北方 四維上下虛空 可思量不 不也 世尊

수보리 남서북방 사유상하허공 가사량부 불야 세존

須菩提 菩薩 無住相布施 福德 亦復如是 不可思量

수보리 보살 무주상보시 복덕 역부여시 불가사량

須菩提 菩薩 但應如所教住

수보리 보살 단응여소교주

如理實見分 第五

여리실견분 제오

須菩提 於意云何 可以身相 見如來不

수보리 어의운하 가이신상 견여래부

132

不也 世尊 不可以身相 得見如來
불야 세존 불가이신상 득견여래
何以故 如來所說身相 卽非身相
하이고 여래소설신상 즉비신상

佛告 須菩提 凡所有相 皆是虛妄 若見諸相非相 卽見如來
불고 수보리 범소유상 개시허망 약견제상비상 즉견여래

正信希有分 第六
정신희유분 제육
須菩提 白佛言 世尊 頗有衆生 得聞如是言說章句 生實信不
수보리 백불언 세존 파유중생 득문여시언설장구 생실신부
佛告 須菩提 莫作是說 如來滅後 後五百歲 有持戒修福者
불고 수보리 막작시설 여래멸후 후오백세 유지계수복자
於此章句 能生信心 以此爲實
어차장구 능생신심 이차위실

當知是人 不於一佛二佛三四五佛 而種善根 已於無量千萬佛所
당지시인 불어일불이불삼사오불 이종선근 이어무량천만불소
種諸善根 聞是章句 乃至 一念 生淨信者
종제선근 문시장구 내지 일념 생정신자

須菩提 如來 悉知悉見 是諸衆生 得如是無量福德
수보리 여래 실지실견 시제중생 득여시무량복덕
何以故 是諸衆生 無復我相人相衆生相壽者相 無法相 亦無非法相
하이고 시제중생 무부아상인상중생상수자상 무법상 역무비법상

何以故 是諸衆生 若心取相 卽爲着我人衆生壽者
하이고 시제중생 약심취상 즉위착아인중생수자

若取法相 卽着我人衆生壽者
약취법상 즉착아인중생수자

何以故 若取非法相 卽着我人衆生壽者
하이고 약취비법상 즉착아인중생수자

是故 不應取法 不應取非法
시고 불응취법 불응취비법

以是義故 如來常說 汝等比丘 知我說法 如筏喩者 法尙應捨 何況非法
이시의고 여래상설 여등비구 지아설법 여벌유자 법상응사 하황비법

無得無說分 第七
무득무설분 제칠

須菩提 於意云何 如來得 阿耨多羅三藐三菩提耶 如來 有所說法耶
수보리 어의운하 여래득 아뇩다라삼먁삼보리야 여래 유소설법야

須菩提言 如我解佛所說義 無有定法 名阿耨多羅三藐三菩提
수보리언 여아해불소설의 무유정법 명아뇩다라삼먁삼보리

亦無有定法 如來可說
역무유정법 여래가설

何以故 如來所說法 皆不可取 不可說 非法 非非法
하이고 여래소설법 개불가취 불가설 비법 비비법

所以者何 一切賢聖 皆以無爲法 而有差別
소이자하 일체현성 개이무위법 이유차별

依法出生分 第八
의법출생분 제팔
須菩提 於意云何 若人 滿三千大千世界 七寶 以用布施
수보리 어의운하 약인 만삼천대천세계 칠보 이용보시
是人 所得福德 寧爲多不
시인 소득복덕 영위다부
須菩提言 甚多 世尊
수보리언 심다 세존
何以故 是福德 卽非福德性 是故 如來說 福德多
하이고 시복덕 즉비복덕성 시고 여래설 복덕다

若復有人 於此經中 受持 乃至四句偈等 爲他人說 其福勝彼
약부유인 어차경중 수지 내지사구게등 위타인설 기복승피
何以故 須菩提 一切諸佛 及諸佛 阿耨多羅三藐三菩提法 皆從此經出
하이고 수보리 일체제불 급제불 아눅다라삼먁삼보리법 개종차경출
須菩提 所謂 佛法者 卽非佛法
수보리 소위 불법자 즉비불법

一相無相分 第九
일상무상분 제구
須菩提 於意云何 須陀洹 能作是念 我得須陀洹果不
수보리 어의운하 수다원 능작시념 아득수다원과부
須菩提言 不也 世尊
수보리언 불야 세존
何以故 須陀洹 名爲入流 而無所入 不入色聲香味觸法 是名須陀洹
하이고 수다원 명위입류 이무소입 불입색성향미촉법 시명수다원

앉은 자리에서 부처되기

須菩提 於意云何 斯陀含 能作是念 我得斯陀含果不
수보리 어의운하 사다함 능작시념 아득사다함과부
須菩提言 不也 世尊
수보리언 불야 세존
何以故 斯陀含 名一往來 而實無往來 是名斯陀含
하이고 사다함 명일왕래 이실무왕래 시명사다함

須菩提 於意云何 阿那含 能作是念 我得阿那含果不
수보리 어의운하 아나함 능작시념 아득아나함과부
須菩提言 不也 世尊
수보리언 불야 세존
何以故 阿那含 名爲不來 而實無不來 是故 名阿那含
하이고 아나함 명위불래 이실무불래 시고 명아나함
須菩提 於意云何 阿羅漢 能作是念 我得阿羅漢道不
수보리 어의운하 아라한 능작시념 아득아라한도부
須菩提言 不也 世尊 何以故 實無有法 名阿羅漢
수보리언 불야 세존 하이고 실무유법 명아라한
世尊 若阿羅漢 作是念 我得阿羅漢道 卽爲着我人衆生壽者
세존 약아라한 작시념 아득아라한도 즉위착아인중생수자

世尊 佛說 我得無諍三昧人中 最爲第一 是第一離欲阿羅漢
세존 불설 아득무쟁삼매인중 최위제일 시제일이욕아라한
我不作是念 我是離欲阿羅漢
아부작시념 아시이욕아라한

世尊 我若作是念 我得 阿羅漢道 世尊 卽不說 須菩提 是樂阿蘭那行者
세존 아약작시념 아득 아라한도 세존 즉불설 수보리 시요아란나행자

以須菩提 實無所行 而名須菩提 是樂阿蘭那行
이수보리 실무소행 이명수보리 시요아란나행

莊嚴淨土分 第十
장엄정토분 제십
佛告 須菩提 於意云何 如來 昔在練燈佛所 於法 有所得不
불고 수보리 어의운하 여래 석재연등불소 어법 유소득부
不也 世尊 如來 在練燈佛所 於法 實無所得
불야 세존 여래 재연등불소 어법 실무소득

須菩提 於意云何 菩薩 莊嚴佛土不
수보리 어의운하 보살 장엄불토부
不也 世尊 何以故 莊嚴佛土者 卽非莊嚴 是名莊嚴
불야 세존 하이고 장엄불토자 즉비장엄 시명장엄

是故 須菩提 諸菩薩摩訶薩 應如是生淸淨心
시고 수보리 제보살마하살 응여시생청정심
不應住色生心 不應住聲香味觸法生心 應無所住 而生其心
불응주색생심 불응주성향미촉법생심 응무소주 이생기심

須菩提 譬如有人 身如須彌山王 於意云何 是身 爲大不
수보리 비여유인 신여수미산왕 어의운하 시신 위대부
須菩提言 甚大 世尊 何以故 佛說非身 是名大身
수보리언 심대 세존 하이고 불설비신 시명대신

無爲福勝分 第十一

무위복승분 제십일

須菩提 如恒河中所有沙數 如是沙等恒河 於意云何 是諸恒河沙 寧爲多不

수보리 여항하중소유사수 여시사등항하 어의운하 시제항하사 영위다부

須菩提言 甚多 世尊 但諸恒河 尙多無數 何況其沙

수보리언 심다 세존 단제항하 상다무수 하황기사

須菩提 我今實言告汝 若有善男子 善女人 以七寶 滿爾所恒河沙數

수보리 아금실언고여 약유선남자 선여인 이칠보 만이소항하사수

三千大天世界 以用布施 得福多不

삼천대천세계 이용보시 득복다부

須菩提言 甚多 世尊

수보리언 심다 세존

佛告 須菩提 若善男子 善女人 於此經中 乃至 受持 四句偈等

불고 수보리 약선남자 선여인 어차경중 내지 수지 사구게등

爲他人說 而此福德 勝前福德

위타인설 이차복덕 승전복덕

尊重正敎分 第十二

존중정교분 제십이

復次 須菩提 隨說是經 乃至 四句偈等

부차 수보리 수설시경 내지 사구게등

當知此處 一切世間 天人阿修羅 皆應供養 如佛塔廟

당지차처 일체세간 천인아수라 개응공양 여불탑묘

何況有人 盡能受持讀誦 須菩提 當知是人
하황유인 진능수지독송 수보리 당지시인

成就最上第一希有之法 若是經典所在之處 卽爲有佛 若尊重弟子
성취최상제일희유지법 약시경전소재지처 즉위유불 약존중제자

如法受持分 第十三
여법수지분 제십삼
爾時 須菩提 白佛言 世尊 當何名此經 我等云何奉持
이시 수보리 백불언 세존 당하명차경 아등운하봉지
佛告 須菩提 是經名爲 金剛般若波羅蜜 以是名字 汝當奉持
불고 수보리 시경명위 금강반야바라밀 이시명자 여당봉지
所以者何 須菩提 佛說般若波羅蜜 卽非般若波羅蜜 是名般若波羅蜜
소이자하 수보리 불설반야바라밀 즉비반야바라밀 시명반야바라밀

須菩提 於意云何 如來 有所說法不
수보리 어의운하 여래 유소설법부
須菩提 白佛言 世尊 如來 無所說
수보리 백불언 세존 여래 무소설
須菩提 於意云何 三千大天世界 所有微塵 是爲多不
수보리 어의운하 삼천대천세계 소유미진 시위다부
須菩提言 甚多 世尊
수보리언 심다 세존
須菩提 諸微塵 如來說 非微塵 是名微塵
수보리 제미진 여래설 비미진 시명미진

如來說 世界 非世界 是名世界
여래설 세계 비세계 시명세계

須菩提 於意云何 可以三十二相 見如來不
수보리 어의운하 가이삼십이상 견여래부
不也 世尊 不可以三十二相 得見如來
불야 세존 불가이삼십이상 득견여래
何以故 如來說 三十二相 卽是非相 是名三十二相
하이고 여래설 삼십이상 즉시비상 시명삼십이상
須
菩提 若有善男子 善女人 以恒河沙等 身命布施
수보리 약유선남자 선여인 이항하사등 신명보시
若復有人 於此經中 乃至 受持 四句偈等 爲他人說 其福 甚多
약부유인 어차경중 내지 수지 사구게등 위타인설 기복 심다

離相寂滅分 第十四
이상적멸분 제십사
爾時 須菩提 聞說是經 深解義趣 涕淚悲泣 而白佛言
이시 수보리 문설시경 심해의취 체루비읍 이백불언
稀有 世尊 佛說 如是甚深經典 我從昔來 所得慧眼 未曾得聞 如是之經
희유 세존 불설 여시심심경전 아종석래 소득혜안 미증득문 여시지경

世尊 若復有人 得聞是經 信心淸淨 卽生實相
세존 약부유인 득문시경 신심청정 즉생실상

當知是人成就第一 稀有功德
당지시인성취제일 희유공덕

世尊 是實相者 卽是非相 是故 如來說名實相
세존 시실상자 즉시비상 시고 여래설명실상

世尊 我今得聞 如是經典 信解受持 不足爲難
세존 아금득문 여시경전 신해수지 부족위난
若當來歲 後五百歲 其有衆生 得聞是經 信解受持 是人 卽爲第一稀有
약당래세 후오백세 기유중생 득문시경 신해수지 시인 즉위제일희유

何以故 此人 無我相人相衆生相壽者相
하이고 차인 무아상인상중생상수자상
所以者何 我相 卽是非相 人相衆生相壽者相 卽是非相
소이자하 아상 즉시비상 인상중생상수자상 즉시비상
何以故 離一切諸相 卽名諸佛
하이고 이일체제상 즉명제불

佛告 須菩提 如是如是 若復有人 得聞是經 不驚 不怖 不畏
불고 수보리 여시여시 약부유인 득문시경 불경 불포 불외
當知是人 甚爲稀有
당지시인 심위희유

何以故 須菩提 如來說 第一波羅蜜 非第一波羅蜜 是名第一波羅蜜
하이고 수보리 여래설 제일바라밀 비제일바라밀 시명제일바라밀

須菩提 忍辱波羅蜜 如來說 非忍辱波羅蜜 是名忍辱波羅蜜
수보리 인욕바라밀 여래설 비인욕바라밀 시명인욕바라밀

앉은 자리에서 부처되기

何以故 須菩提 如我昔爲歌利王 割截身體

하이고 수보리 여아석위가리왕 할절신체

我於爾時 無我相 無人相 無衆生相 無壽者相

아어이시 무아상 무인상 무중생상 무수자상

何以故 我於往昔節節支解時 若有我相人相衆生相壽者相 應生瞋恨

하이고 아어왕석절절지해시 약유아상인상중생상수자상 응생진한

須菩提 又念過去 於五百世 作忍辱仙人 於爾所世

수보리 우념과거 어오백세 작인욕선인 어이소세

無我相 無人相 無衆生相 無壽者相

무아상 무인상 무중생상 무수자상

是故 須菩提 菩薩 應離一切相 發阿耨多羅三藐三菩提心

시고 수보리 보살 응리일체상 발아뇩다라삼먁삼보리심

不應住色生心 不應住聲香味觸法生心 應生無所住心

불응주색생심 불응주성향미촉법생신 응생무소주심

若心有住 卽爲非住

약심유주 즉위비주

是故 佛說 菩薩心 不應住色布施

시고 불설 보살심 불응주색보시

須菩提 菩薩 爲利益一切衆生 應如是布施

수보리 보살 위이익일체중생 응여시보시

如來說 一切諸相 卽是非相 又說 一切衆生 卽非衆生

여래설 일체제상 즉시비상 우설 일체중생 즉비중생

142

須菩提 如來 是眞語者 實語者 如語者 不誑語者 不異語者
수보리 여래 시진어자 실어자 여어자 불광어자 불이어자

須菩提 如來所得法 此法 無實無虛
수보리 여래소득법 차법 무실무허

須菩提 若菩薩 心住於法 而行布施 如人入闇 卽無所見
수보리 약보살 심주어법 이행보시 여인입암 즉무소견

若菩薩 心不住法 而行布施 如人有目 日光明照 見種種色
약보살 심부주법 이행보시 여인유목 일광명조 견종종색

須菩提 當來之世 若有善男子 善女人 能於此經 受持讀誦
수보리 당래지세 약유선남자 선여인 능어차경 수지독송
卽爲如來 以佛智慧 悉知是人 悉見是人 皆得成就 無量無邊功德
즉위여래 이불지혜 실지시인 실견시인 개득성취 무량무변공덕

持經功德分 第十五
지경공덕분 제십오
須菩提 若有善男子 善女人 初日分 以恒河沙 等身布施
수보리 약유선남자 선여인 초일분 이항하사 등신보시
中日分 復以恒河沙 等身布施 後日分 亦以恒河沙 等身布施
중일분 부이항하사 등신보시 후일분 역이항하사 등신보시
如是 無量百千萬億劫 以身布施
여시 무량백천만억겁 이신보시

若復有人 聞此經典 信心不逆 其福勝彼 何況書寫受持讀誦 爲人解說
약부유인 문차경전 신심불역 기복승피 하황서사수지독송 위인해설

須菩提 以要言之 是經 有不可思議 不可稱量 無邊功德
수보리 이요언지 시경 유불가사의 불가칭량 무변공덕

如來 爲發大乘者說 爲發最上乘者說
여래 위발대승자설 위발최상승자설

若有人 能受持讀誦 廣爲人說 如來 悉知是人 悉見是人
약유인 능수지독송 광위인설 여래 실지시인 실견시인
皆得成就 不可量 不可稱 無有邊 不可思議功德
개득성취 불가량 불가칭 무유변 불가사의공덕
如是人等 卽爲荷擔 如來阿耨多羅三藐三菩提
여시인등 즉위하담 여래아뇩다라삼막삼보리

何以故 須菩提 若樂小法者 着我見人見衆生見壽者見
하이고 수보리 약요소법자 착아견인견중생견수자견
卽於此經 不能聽受讀誦 爲人解說
즉어차경 불능청수독송 위인해설

須菩提 在在處處 若有此經 一切世間 天人阿修羅 所應供養
수보리 재재처처 약유차경 일체세간 천인아수라 소응공양
當知此處 卽爲是塔 皆應恭敬 作禮圍繞 以諸華香 而散其處
당지차처 즉위시탑 개응공경 작례위요 이제화향 이산기처

能淨業障分 第十六

능정업장분 제십육

復次 須菩提 善男子 善女人 受持讀誦此經

부차 수보리 선남자 선여인 수지독송차경

若爲人輕賤 是人 先世罪業 應墮惡道

약위인경천 시인 선세죄업 응타악도

以今世人輕賤故 先世罪業 卽爲消滅 當得阿耨多羅三藐三菩提

이금세인경천고 선세죄업 즉위소멸 당득아뇩다라삼먁삼보리

須菩提 我念過去 無量阿僧祇怯 於燃燈佛前

수보리 아념과거 무량아승기겁 어연등불전

得置 八白四千萬億那由他諸佛 悉皆供養承事 無空過者

득치 팔백사천만억나유타제불 실개공양승사 무공과자

若復有人 於後末世 能受持讀誦此經 所得功德

약부유인 어후말세 능수지독송차경 소득공덕

於我所供養 諸佛功德 百分不及一 千萬億分 乃至 算數譬喩 所不能及

어아소공양 제불공덕 백분불급일 천만억분 내지 산수비유 소불능급

須菩提 若善男子 善女人 於後末世 有受持 讀誦此經 所得功德

수보리 약선남자 선여인 어후말세 유수지 독송차경 소득공덕

我若具說者 惑有人聞 心卽狂亂 狐疑不信

아약구설자 혹유인문 심즉광란 호의불신

須菩提 當知 是經義 不可思議 果報 亦不可思議

수보리 당지 시경의 불가사의 과보 역불가사의

　　　　　　　앉은 자리에서 부처되기

究竟無我分 第十七
구경무아분 제십칠
爾時 須菩提 白佛言 世尊 善男子 善女人 發阿耨多羅三藐三菩提心
이시 수보리 백불언 세존 선남자 선여인 발아뇩다라삼먁삼보리심
云何應住 云何降伏其心
운하응주 운하항복기심

佛告 須菩提 善男子 善女人 發阿耨多羅三藐三菩提者
불고 수보리 선남자 선여인 발아뇩다라삼먁삼보리자
當生如是心 我應滅度一切衆生 滅度一切衆生已
당생여시심 아응멸도일체중생 멸도일체중생이
而無有一衆生 實滅度者
이무유일중생 실멸도자
何以故 須菩提 若菩薩 有我相人相衆生相壽者相 卽非菩薩
하이고 수보리 약보살 유아상인상중생상수자상 즉비보살

所以者何 須菩提 實無有法 發阿耨多羅三藐三菩提者
소이자하 수보리 실무유법 발아뇩다라삼먁삼보리자

須菩提 於意云何 如來 於燃燈佛所 有法 得阿耨多羅三藐三菩提不
수보리 어의운하 여래 어연등불소 유법 득아뇩다라삼먁삼보리부
不也 世尊 如我解佛所說義 佛於燃燈佛所
불야 세존 여아해불소설의 불어연등불소
無有法 得阿耨多羅三藐三菩提
무유법 득아뇩다라삼먁삼보리

佛言 如是如是 須菩提 實無有法 如來 得阿耨多羅三藐三菩提
불언 여시여시 수보리 실무유법 여래 득아뇩다라삼먁삼보리

須菩提 若有法 如來 得阿耨多羅三藐三菩提者 練燈佛 卽不與我授記
수보리 약유법 여래 득아뇩다라삼먁삼보리자 연등불 즉불여아수기
汝於來世 當得作佛 號釋迦牟尼 以實無有法 得阿耨多羅三藐三菩提
여어내세 당득작불 호석가모니 이실무유법 득아뇩다라삼먁삼보리
是故 練燈佛 與我授記 作是言 汝於來世 當得作佛 號釋迦牟尼
시고 연등불 여아수기 작시언 여어내세 당득작불 호석가모니

何以故 如來者 卽諸法如義
하이고 여래자 즉제법여의
若有人言 如來 得阿耨多羅三藐三菩提
약유인언 여래 득아뇩다라삼먁삼보리
須菩提 實無有法 佛 得阿耨多羅三藐三菩提
수보리 실무유법 불 득아뇩다라삼먁삼보리

須菩提 如來所得 阿耨多羅三藐三菩提 於是中 無實無虛
수보리 여래소득 아뇩다라삼먁삼보리 어시중 무실무허
是故 如來說 一切法 皆是佛法
시고 여래설 일체법 개시불법
須菩提 所言 一切法者 卽非一切法 是故 名一切法
수보리 소언 일체법자 즉비일체법 시고 명일체법

須菩提 譬如人身長大
수보리 비여인신장대

147   앉은 자리에서 부처되기

須菩提言 世尊 如來說 人身長大 卽爲非大身 是名大身
수보리언 세존 여래설 인신장대 즉위비대신 시명대신

須菩提 菩薩 易如是 若作是言 我當滅度 無量衆生 卽不名菩薩
수보리 보살 역여시 약작시언 아당멸도 무량중생 즉불명보살
何以故 須菩提 實無有法 名爲菩薩
하이고 수보리 실무유법 명위보살

是故 佛說 一切法 無我無人無衆生無壽者
시고 불설 일체법 무아무인무중생무수자

須菩提 若菩薩 作是言 我當莊嚴佛土 是不名菩薩
수보리 약보살 작시언 아당장엄불토 시불명보살
何以故 如來說 莊嚴佛土者 卽非莊嚴 是名莊嚴
하이고 여래설 장엄불토자 즉비장엄 시명장엄

須菩提 若菩薩 通達無我法者 如來說名 眞是菩薩
수보리 약보살 통달무아법자 여래설명 진시보살

一體同觀分 第十八
일체동관분 제십팔
須菩提 於意云何 如來 有肉眼不 如是 世尊 如來 有肉眼
수보리 어의운하 여래 유육안부 여시 세존 여래 유육안
須菩提 於意云何 如來 有天眼不 如是 世尊 如來 有天眼
수보리 어의운하 여래 유천안부 여시 세존 여래 유천안
須菩提 於意云何 如來 有慧眼不 如是 世尊 如來 有慧眼
수보리 어의운하 여래 유혜안부 여시 세존 여래 유혜안

須菩提 於意云何 如來 有法眼不 如是 世尊 如來 有法眼
수보리 어의운하 여래 유법안부 여시 세존 여래 유법안
須菩提 於意云何 如來 有佛眼不 如是 世尊 如來 有佛眼
수보리 어의운하 여래 유불안부 여시 세존 여래 유불안

須菩提 於意云何 如恒河中 所有沙 佛說 是沙不
수보리 어의운하 여항하중 소유사 불설 시사부
如是 世尊 如來說 是沙
여시 세존 여래설 시사

須菩提 於意云何 如一恒河中所有沙 有如是沙等恒河
수보리 어의운하 여일항하중소유사 유여시사등항하
是諸恒河 所有沙數 佛世界 如是 寧爲多不 甚多 世尊
시제항하 소유사수 불세계 여시 영위다부 심다 세존

佛告 須菩提 爾所國土中 所有衆生 若干種心 如來悉知
불고 수보리 이소국토중 소유중생 약간종심 여래실지
何以故 如來說 諸心 皆爲非心 是名爲心
하이고 여래설 제심 개위비심 시명위심
所以者何 須菩提 過去心 不可得 現在心 不可得 未來心 不可得
소이자하 수보리 과거심 불가득 현재심 불가득 미래심 불가득

法界通化分 第十九
법계통화분 제십구
須菩提 於意云何 若有人 滿三千大天世界 七寶 以用布施
수보리 어의운하 약유인 만삼천대천세계 칠보 이용보시

앉은 자리에서 부처되기

是人 以是因緣 得福多不 如是 世尊 此人 以是因緣 得福 甚多
시인 이시인연 득복다부 여시 세존 차인 이시인연 득복 심다

須菩提 若福德 有實 如來不說 得福德多
수보리 약복덕 유실 여래불설 득복덕다
以福德無故 如來說 得福德多
이복덕무고 여래설 득복덕다

離色離相分 第二十
이색이상분 제이십
須菩提 於意云何 佛 可以具足色身 見不
수보리 어의운하 불 가이구족색신 견부
不也 世尊 如來 不應以具足色身 見
불야 세존 여래 불응이구족색신 견
何以故 如來說 具足色身 卽非具足色身 是名具足色身
하이고 여래설 구족색신 즉비구족색신 시명구족색신

須菩提 於意云何 如來 可以具足諸相 見不
수보리 어의운하 여래 가이구족제상 견부
不也 世尊 如來 不應以具足諸相 見
불야 세존 여래 불응이구족제상 견
何以故 如來說 諸相具足 卽非具足 是名諸相具足
하이고 여래설 제상구족 즉비구족 시명제상구족

非說所說分 第二十一
비설소설분 제이십일
須菩提 汝勿謂 如來作是念 我當有所說法 莫作是念
수보리 여물위 여래작시념 아당유소설법 막작시념
何以故 若人言 如來有所說法 卽爲謗佛 不能解我所說故
하이고 약인언 여래유소설법 즉위방불 불능해아소설고
須菩提 說法者 無法可說 是名說法
수보리 설법자 무법가설 시명설법

爾時 慧命須菩提 白佛言 世尊 頗有衆生 於未來世 聞說是法 生信心不
이시 혜명수보리 백불언 세존 파유중생 어미래세 문설시법 생신심부
佛言 須菩提 彼非衆生 非不衆生
불언 수보리 피비중생 비불중생
何以故 須菩提 衆生衆生者 如來說 非衆生 是名衆生
하이고 수보리 중생중생자 여래설 비중생 시명중생

無法可得分 第二十二
무법가득분 제이십이
須菩提 白佛言 世尊 佛 得阿耨多羅三藐三菩提 爲無所得耶
수보리 백불언 세존 불 득아뇩다라삼먁삼보리 위무소득야
佛言 如是 如是
불언 여시 여시

須菩提 我於阿耨多羅三藐三菩提 乃至 無有小法可得
수보리 아어아뇩다라삼먁삼보리 내지 무유소법가득
是名 阿耨多羅三藐三菩提
시명 아뇩다라삼먁삼보리

　　　　　　　　　　　　　앉은 자리에서 부처되기

淨心行善分 第二十三
정심행선분 제이십삼
復次 須菩提 是法 平等 無有高下 是名阿耨多羅三藐三菩提
부차 수보리 시법 평등 무유고하 시명아뇩다라삼먁삼보리

以無我無人無衆生無壽者 修一切善法 卽得阿耨多羅三藐三菩提
이무아무인무중생무수자 수일체선법 즉득아뇩다라삼먁삼보리
須菩提 所言善法者 如來說 卽非善法 是名善法
수보리 소언선법자 여래설 즉비선법 시명선법

福智無比分 第二十四
복지무비분 제이십사
須菩提 若三千大天世界中 所有諸須彌山王
수보리 약삼천대천세계중 소유제수미산왕
如是等七寶聚 有人 持用布施
여시등칠보취 유인 지용보시

若人 以此般若波羅蜜經 乃至 四句偈等 受持讀誦 爲他人說
약인 이차반야바라밀경 내지 사구게등 수지독송 위타인설
於前福德 百分不及一 百千萬億分 乃至 算數譬喩 所不能及
어전복덕 백분불급일 백천만억분 내지 산수비유 소불능급

無所化分 第二十五
화무소화분 제이십오
須菩提 於意云何 汝等勿爲 如來作是念 我當道衆生
수보리 어의운하 여등물위 여래작시념 아당도중생

須菩提 莫作是念
수보리 막작시념

何以故 實無有衆生 如來度者
하이고 실무유중생 여래도자

若有衆生 如來度者 如來 卽有我人衆生壽者
약유중생 여래도자 여래 즉유아인중생수자

須菩提 如來說 有我者 卽非有我 而凡夫之人 以爲有我
수보리 여래설 유아자 즉비유아 이범부지인 이위유아
須菩提 凡夫者 如來說 卽非凡夫 是名凡夫
수보리 범부자 여래설 즉비범부 시명범부

化無所化分 第二十五
화무소화분 제이십오
須菩提 於意云何 汝等勿爲 如來作是念 我當道衆生
수보리 어의운하 여등물위 여래작시념 아당도중생
須菩提 莫作是念
수보리 막작시념
何以故 實無有衆生 如來度者
하이고 실무유중생 여래도자

若有衆生 如來度者 如來 卽有我人衆生壽者
약유중생 여래도자 여래 즉유아인중생수자

須菩提 如來說 有我者 卽非有我 而凡夫之人 以爲有我
수보리 여래설 유아자 즉비유아 이범부지인 이위유아
須菩提 凡夫者 如來說 卽非凡夫 是名凡夫
수보리 범부자 여래설 즉비범부 시명범부

法身非相分 第二十六
법신비상분 제이십육
須菩提 於意云何 可以三十二相 觀如來不
수보리 어의운하 가이삼십이상 관여래부
須菩提言 如是 如是 以三十二相 觀如來
수보리언 여시 여시 이삼십이상 관여래
佛言 須菩提 若以三十二相 觀如來者 轉輪聖王 卽是如來
불언 수보리 약이삼십이상 관여래자 전륜성왕 즉시여래

須菩提 白佛言 世尊 如我解佛所說義 不應以三十二相 觀如來
수보리 백불언 세존 여아해불소설의 불응이삼십이상 관여래

爾時 世尊 而說偈言
이시 세존 이설게언
若以色見我
약이색견아
以音聲求我
이음성구아
是人行邪道
시인행사도
不能見如來
불능견여래

無斷無滅分 第二十七

무단무멸분 제이십칠

須菩提 汝若作是念 如來 不以具足相故 得阿耨多羅三藐三菩提

수보리 여약작시념 여래 불이구족상고 득아뇩다라삼먁삼보리

須菩提 莫作是念 如來 不以具足相故 得阿耨多羅三藐三菩提

수보리 막작시념 여래 불이구족상고 득아뇩다라삼먁삼보리

須菩提 汝若作是念 發阿耨多羅三藐三菩提心者 說諸法斷滅

수보리 여약작시념 발아뇩다라삼먁삼보리심자 설제법단멸

莫作是念 何以故 發阿耨多羅三藐三菩提心者 於法 不說斷滅相

막작시념 하이고 발아뇩다라삼먁삼보리심자 어법 불설단멸상

不受不貪分 第二十八

불수불탐분 제이십팔

須菩提 若菩薩 以滿恒河沙等 世界 七寶 持用布施

수보리 약보살 이만항하사등 세계 칠보 지용보시

若復有人 知一切法無我 得成於忍 此菩薩 勝前菩薩 所得功德

약부유인 지일체법무아 득성어인 차보살 승전보살 소득공덕

何以故 須菩提 以諸菩薩 不受福德故

하이고 수보리 이제보살 불수복덕고

須菩提 白佛言 世尊 云何菩薩 不受福德

수보리 백불언 세존 운하보살 불수복덕

須菩提 菩薩 所作福德 不應貪着 是故 說不受福德

수보리 보살 소작복덕 불응탐착 시고 설불수복덕

威儀寂靜分 第二十九

위의적정분 제이십구

須菩提 若有人言 如來 若來 若去 若坐 若臥 是人 不解我所說義

수보리 약유인언 여래 약래 약거 약좌 약와 시인 불해아소설의

何以故 如來者 無所從來 亦無所去 故名如來

하이고 여래자 무소종래 역무소거 고명여래

一合理相分 第三十

일합이상분 제삼십

須菩提 若善男子 善女人 以三千大天世界 碎爲微塵

수보리 약선남자 선여인 이삼천대천세계 쇄위미진

於意云何 是微塵衆 寧爲多不 甚多 世尊

어의운하 시미진중 영위다부 심다 세존

何以故 若是微塵衆 實有者 佛卽不說 是微塵衆

하이고 약시미진중 실유자 불즉불설 시미진중

所以者何 佛說 微塵衆 卽非微塵衆 是名微塵衆

소이자하 불설 미진중 즉비미진중 시명미진중

世尊 如來所說 三千大天世界 卽非世界 是名世界

세존 여래소설 삼천대천세계 즉비세계 시명세계

何以故 若世界 實有者 卽是一合相

하이고 약세계 실유자 즉시일합상

如來說 一合相 卽非一合相 是名一合相

여래설 일합상 즉비일합상 시명일합상

須菩提 一合相者 卽是不可說 但凡夫之人 貪着其事

수보리 일합상자 즉시불가설 단범부지인 탐착기사

知見不生分 第三十一
지견불생분 제삼십일
須菩提 若人言 佛說 我見人見衆生見壽者見
수보리 약인언 불설 아견인견중생견수자견
須菩提 於意云何 是人 解我所說義不
수보리 어의운하 시인 해아소설의부
不也 世尊 是人 不解如來所說義
불야 세존 시인 불해여래소설의

何以故 世尊說 我見人見衆生見壽者見 卽非我見人見衆生見壽者見
하이고 세존설 아견인견중생견수자견 즉비아견인견중생견수자견
是名我見人見衆生見壽者見
시명아견인견중생견수자견

須菩提 發阿耨多羅三藐三菩提心者
수보리 발아뇩다라삼먁삼보리심자
於一切法 應如是知 如是見 如是信解 不生法相
어일체법 응여시지 여시견 여시신해 불생법상
須菩提 所言法相者 如來說 卽非法相 是名法相
수보리 소언법상자 여래설 즉비법상 시명법상

應化非眞分 第三十二
응화비진분 제삼십이
須菩提 若有人 以滿無量阿僧祇世界 七寶 持用布施
수보리 약유인 이만무량아승기세계 칠보 지용보시
若有善男子 善女人 發菩薩心者 持於此經 乃至 四句偈等 受持讀誦
약유선남자 선여인 발보살심자 지어차경 내지 사구게등 수지독송

앉은 자리에서 부처되기

爲人演說 其福勝彼
위인연설 기복승피

云何爲人演說 不取於相 如如不動
운하위인연설 불취어상 여여부동
何以故 一切有爲法 如夢幻泡影 如露亦如電 應作如是觀
하이고 일체유위법 여몽환포영 여로역여전 응작여시관

佛說是經已 長老須菩提 及諸比丘 比丘尼 優婆塞 優婆夷
불설시경이 장로수보리 급제비구 비구니 우바새 우바이
一切世間 天人阿修羅 聞佛所說 皆大歡喜 信受奉行
일체세간 천인아수라 문불소설 개대환희 신수봉행

참고한 책

공빈, 허강 옮김, 《구마라집 평전》, 부키(주), 2018.

대한불교조계종 교육원 편역, 조계종 표준 《금강반야바라밀경(독송본)》, 조계종 출판사, 2019.

원영, 박병규 역주, 《원영대사의 금강경 강의》, 도서출판 운주사, 2013.

혜능, 무거 옮김, 《금강경 육조해》, 동문선, 2007.

후나야마 도루, 이향철 옮김, 《번역으로서의 동아시아-한자 문화권에서의 '불교'의 탄생》,
푸른역사. 2018.

참고한 동영상 강의

종범스님 유튜브 금강경 동영상 강의. https//www.youtube.com/

앉은 자리에서 부처되기